마을을 상상하는 20가지 방법

우리는 마을에서

놀고,
먹고,
모이고,
협동하고,
말하고,
예술하고,
교육하고,
일한다.

마을을 상상하는 20가지 방법

2015년 4월 6일 초판 1쇄 발행. 2021년 11월 3일 초판 5쇄 발행. 서울시 마을공동체 담당관이 기획하고, 박재동과 김이준수가 썼습니다. '박재동의 마을 생각'은 박재동이 쓰고, 그 외의 글은 모두 김이준수가 썼습니다. 표지와 본문 그림은 박재동이 그렸고, 도서출판 산티에서 박정은이 펴냅니다. 이홍용이 편집을 하고, 전혜진이 본문 및 표지 디자인을 하였으며, 이강혜가 마케팅을 합니다. 인쇄는 수이북스, 제본은 성화제책에서 하였습니다. 출판사 등록일 및 등록번호는 2003. 2. 11. 제25100-2017-000092호이고, 주소는 서울시 은평구 은평로 3길 34-2, 전화는 (02) 3143-6360, 팩스는 (02) 6455-6367, 이메일은 shantibooks@naver.com입니다. 이 책의 ISBN은 978-89-91075-94-8 03330이고, 정가는 14,500원입니다.

이 도서의 국립중앙도서관 출판시도서목록(CIP)은 e-CIP홈페이지(http://www.nl.go.kr/ecip)와 국가자료공동목록시스템(http://www.nl.go.kr/kolisnet)에서 이용하실 수 있습니다.(CIP제어번호: CIP2015008977)

마을을 상상하는 20가지 방법

박재동·김이준수 지음
서울시 마을공동체 담당관 기획

【산티】

5. 우리는 마을에서, 말한다
마을 미디어가 필요한 이유

6. 우리는 마을에서, 예술한다
마을의 일상에 퍼지는 문화 예술의 향기

7. 우리는 마을에서, 교육한다
마을이 학교다!

8. 우리는 마을에서, 일한다
마을에서 경제 활동을 한다는 것

이 광활한 우주에서
마을 이야기를
하는 것에 대하여

부산을 고향으로 서울에 살아온 지 20년이 넘었다. 그동안 서울에 살면서 대여섯 동네를 돌아다녀야 했다. 사는 곳 어디든 거의 잠만 자는 곳이었을 뿐, 동네를 알아보고 이웃을 만들 생각을 하지 못했다. 그러다 2012년부터 나는 마을을 본격적으로 만났다. 각양각색의 마을공동체를 접하게 되었고, 신기했다.

'와, 서울에 이런 곳들이 있었단 말이야?'

'사람들이 이렇게 이웃을 만들고 재미있게 살고 있구나.'

그러면서 내가 살고 있는 곳을 돌아보았다. 부끄러웠다. 나는 내가 살고 있는 곳을 너무 모르고 있었다. 이웃도 없었다. 관계가 너무 빈약했다는 것을 깨달았다.

서울에서 마을공동체 사업이 펼쳐지면서 내가 살고 있는 동네에도 마을공동체를 만들려는 움직임이 일기 시작했다. '청소년 휴카페'를 만들어보자며 바자회도 열고 일일호프도 열었다. 나도 마을의 일원으로 참여했고, '마을공동체 네트워크'(마을넷) 모임에도 나갔다. 그곳에서는 그전까지 내가 알지 못했던 새로운 세상이 펼쳐졌다. 재미있었다. 새로운 사람들을 만나 관계를 맺었고 새로운 이야기도 들었다. 다른 마을공동체들도 둘러보았다. 어떤 마을 이야기도 똑같지 않았다. 모든 것이 달랐지만, 그 안에 어떤 보편성이 자리 잡고 있음을 알 수 있었다. 그 중 하나가 '다른 사람들과 함께 행복하게 살고 싶다'는 바람이었다.

그리고 마을은 저마다의 색깔로 '함께 사는 방식'을 만들고 있었다. 하나의 방식만 있는 게 아니었다. 기계가 아닌 사람이 하는 일이기에 그러했다. 그리고 성공이나 성장을 목표로 둔 경쟁이나 자본이 요구하는 획일적인 삶이 아니라 '다른 삶'을 인정하고 꿈꾸는 제각각이 선택한 방식이었다. 그 제각각의 마을에 사는 사람들의 이야기를 듣고 삶을 목격한 것을 이렇게 분류해 보았다.

마을에서는 함께,

놀고,
먹고,
모이고,
협동하고,
말하고,

예술하고,

교육하고,

일한다.

각자의 결에 따라 골라봐도 좋을 것 같다. 그러면서 이런 느낌을 품을 수 있다면 좋겠다.

'아, 이런 마을에 살고 싶다!'

여기에 펼쳐진 마을의 풍경이 '정답'은 아니다. 각 마을공동체도 앞으로 어떻게 변할지 모르고, 한 모습에 머물러 있지만도 않을 것이다. 내가 살고 싶은 마을을 그리고 상상하면서 자기만의 행복과 풍요로움을 찾는 실천과 행동이 따르면 더욱 좋겠다.

다만 주의할 점이 있다. 마을은 영리 기업이 아니라서 그 속도가 빠르지 않다. 삶이 빠르지 않기 때문이다. 여기 있는 마을공동체 모두 시간을 쌓아서 만든 관계이자 이야기다. 우리는 친숙하게 지내왔던 것들과 오래오래 같이 늙어가고 싶어 한다. 그러나 휴대 전화를 2년이 안 됐는데도 바꾸는 것이 일상화되었다. 2년마다 바꿀 것을 요구하는 자본의 강요에 넘어간 탓이다. 마을공동체와 이웃을 만들지 못하는 것도 다르지 않다. 여기서 얼마나 살겠냐며 주변을 외면하기 일쑤다.

그러니 서두르지 말고 내 주변에 사는 이가 누구인지부터 살펴보면 어떨까? 인사를 하고 이웃을 만드는 일부터 시작하자. 아주 느리게, 간절하게, 두려움 없이.

그러면서 당신의 마을을 함께 그려보면 좋겠다. 마을은 당신의 상상에서 시작된다.

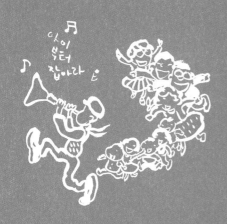

/1/

우리는
마을에서,
논다

마을에서 함께 노는 법

아파트의 모든 아이가 어떻게 자라는지 안다

파크리오맘

"이것으로 사람이 살 의미도 찾겠구나 싶더라고요."

임유화 씨는 아파트 공동체 '파크리오맘http://cafe.naver.com/parkriomom'
에 대해 얘기하면서 그렇게 말했다. 임유화 씨는 서울 지하철 2호선 잠
실나루역 부근의 '파크리오'라는 대단위 아파트 단지에 산다. '아파트
공화국'이라는 말도 있듯이 우리나라는 주거 유형의 60퍼센트를 아파
트가 차지한다. 서울은 더 심하다. 따라서 아파트를 빼놓고 마을공동체
를 이야기할 수는 없다.

임유화 씨는 아파트가 한 칸 한 칸의 사적 재산물들이 모여 있는 단
순한 집합체라기보다는 그것들이 모여 하나의 마을을 이루는 공동체라
고 생각하는 사람이다. 어느 순간 한국에서 아파트는 삶이 담긴 공간이
아니라 재산을 증식하는 재테크 수단으로 전락하고 말았다. 그러다 보
니 어느 아파트 단지, 어떤 브랜드의 아파트에 살고, 평수가 얼마인지가

사람을 판단하는 기준이 되어버렸다.

'파크리오맘'은 사는 이의 의식과 태도에 따라 이 같은 아파트에 대한 인식도 바뀔 수 있음을 보여주는 대표적인 사례다. 이곳의 많은 주민들은 아파트를 단순히 주거 공간이 아니라 삶을 살아가는 공간으로 여긴다. 생활 정보나 일상 등을 공유하면서 이것저것 함께하며 노는 재미를 이들은 잘 알고 있다. 이곳에서는 아파트가, 마을이 하나의 놀이터 같은 공간으로 작동하고, 삶의 활력과 기쁨이 되는 공동체로 작용한다.

아파트 공동체 '파크리오맘'의 함께하는 즐거움

'미달이'라는 별명으로 불리는 임유화 씨는 두 아이의 엄마이자, 인터넷 카페 '파크리오맘'을 개설한 사람이다. 2008년 6월에 개설한 카페는 현재 회원 수가 2천 명 안팎으로, 파크리오아파트 공동체의 중요한 온라인 거점이다. 회원으로는 파크리오 단지에 거주하는 기혼 여성만 받는다. 물론 활동은 가족 단위로 이뤄지는 경우가 많다. 회원들의 주 연령층은 30~40대로, 이들의 공감대를 이룬 것은 "너도 엄마, 나도 엄마"였다. 즉 모두 엄마라는 정체성을 공유한 것이 서로의 관계를 돈독하게 만든 시작이었다. 엄마들끼리 동네 친구가 되면 좋겠다는 생각에서 그는 파크리오맘을 열었다.

"제가 분당의 아파트 단지에 살던 2006년에 첫아이를 낳았는데, 주위에 친구가 없어서 굉장히 우울했어요. 그때 바로 주변에 친구가 있으면 좋겠다는 생각을 많이 했죠. 결혼하고 아이를 낳으면서 예전 친구들과는 만나기가 어려워졌거든요."

아파트에서는 옆에 누가 사는지도 모른 채 '동과 호수'로 표현되는 공간에 묶여 살기가 예사이다. 그러다 보니 같은 동, 같은 층에 살아도 서로 인사를 나누는 행위가 어색한 것이 되었다. 사생활이 공동 생활을 압도해 버린 것이다.

그래서 임유화 씨는 파크리오아파트에 입주하면서 인터넷 카페부터 개설했다. 이웃을 만들고 싶었다. 파크리오아파트 주민들이 들락거릴 만한 사이트나 인터넷 카페에 들어가 파크리오맘에 대해 적극 홍보하고 알렸다. 매일 두 시간 이상 관리하면서 회원을 모았다. 그렇게 고군분투한 결과, 원하던 이웃을 매일 만날 수 있게 되었다. 그리고 하나둘 재밋거리와 놀이거리를 함께 만들어가기 시작했다.

이웃들이 많아지자 2009년 봄, '새봄 초록 파티'라는 파크리오맘 제1회 정기 모임을 열었다. 그 후 4년 만인 2013년 제2회 정기 모임 겸 파티를 열었다. 회원 수가 많아지다 보니 정기 모임보다 다양한 소모임 위주로 활발한 활동들이 이루어지기 시작했다. 동별 모임도 있고, 퀼트나 바느질 같은 취미 활동을 하는 모임, 재테크 공부 모임 등 30~40개의 동호회가 자발적으로 움직인다. 여러 모임을 통해 죽마고우 못지않은 친구들도 생겨났다.

매년 4월과 9월에는 오프라인 벼룩시장을 연다. 2009년 처음 열 때는 워낙 소규모라 자리를 구하는 것조차 힘들었는데 지금은 위상이 달라졌다. 10회 이상 하다 보니 이제는 관리사무소나 입주자대표회의에서도 파크리오 단지의 행사로 받아들이고 배려와 지원을 아끼지 않는다. 돗자리를 깔아 부스를 차리고, 단지 내 사람들과 얼굴을 마주하고 먹을거리를 나누며 시식 행사도 갖는다. 벼룩시장이 마을공동체의 작은 축제가 된 것이다. 이때는 파크리오맘 회원들의 남편과 아이들도 한몸처럼 돕고 즐긴다. 벼룩시장은 온라인에서는 상시적으로 열리고 있고, 회원들이 함께하는 공동 구매도 활발하게 이루어진다.

파크리오맘 주민들이 상가를 헤집고 다니는 '상가 점령' 프로그램도 재미있는 놀이 중 하나이다. 가령 파크리오맘 온라인 카페에 누군가 "새로 생긴 떡집에서 떡을 사 먹었는데, 떡이 쫄깃쫄깃하네요" "그 옆의 빵집은 빵에 첨가물이 덜 들어가요. 맛있어요, 드셔보세요" 같은 이야기를 올리면, 그런 가게의 떡이나 빵은 그날로 품절될 정도다. 파크리오맘이 상가의 매출을 좌우할 만큼 영향력이 커졌다.

'메뚜기 떼'라고 표현하는 파크리오맘의 커뮤니티 활동은 그것으로 끝이 아니다. 엄마들이 한데 모이니 못할 것이 없다. 활발하고 다양한 활동으로 아파트 공동체의 새로운 풍경을 낳고 있는 파크리오맘이 주목을 받는 것은 기부 등의 활동을 통해 공동체를 잇기 때문이다.

"기부 릴레이 드림, 나눔 벼룩시장, 기부 벼룩, 오픈 마켓, 장보기 기부, 공동 구매 기부, 엄마 재능 기부, 나눔 음악회 같은 걸 진행해요. 꽃꽂이에 재능 있는 주민이 꽃바구니를 만드는 법을 가르쳐주기도 하고요. '팍맘 아카데미'를 통해 자신이 가진 재능을 다른 주민들과 공유하는 거죠. 파크리오맘들의 재능 기부 덕분에 모든 것을 우리 스스로 만들 수 있게 되었어요. 나눔 음악회는 이 모든 것을 다 결집한 행사고요. 이 외에도 파크리오맘은 연 4천만 원가량 기부금을 모아 해외와 국내의 아이들에게 기부하고 있어요."

기부 릴레이 드림의 구조는 이렇다. 한 회원이 "식탁을 새로 선물받아서 전에 쓰던 식탁을 버리려는데 혹시 필요하신 분 있나요?"라고 올린 글을 다른 회원이 보고 식탁을 받아가면, 파크리오맘의 기부 통장에는 두 사람 이름으로 1,000원이 기부금으로 적립된다. 식탁을 받은 회원은 한 달 안에 다른 누군가에게 자기 물건 중 무엇이든 기부를 해야 한다. 그렇게 해서 기부의 선순환 구조가 만들어지는 것이다.

파크리오맘의 이런 다양한 활동은 입주자대표회의와 부녀회 등과도 협조 속에서 즐겁게 이루어지고 있다. 서로 끊임없는 대화를 통해 우호적이고 좋은 관계를 유지하고 있기에 가능한 일이다.

놀이터의 새 쓰임을 찾는 파크리오

파크리오아파트 단지에는 놀이터가 모두 열한 개 있다. 일부 아파트 단지들에서는 이용률이 낮다는 이유로 놀이터의 수를 줄이려는 움직임도 있으나, 파크리오에는 놀이터가 마을공동체를 확장하고 강화하는 공간으로 작동한다. 많은 아파트 단지의 놀이터에서 아이들의 웃음소리가 사라져가는 것과는 대조적이다. 다양한 테마로 꾸며진 이곳 놀이터에서는 아이들이 활기차게 뛰어놀거나 도란도란 모여 앉아 이야기를 나누는 풍경을 쉽게 볼 수 있다.

그 이유는 바로 여기에 있다. 파크리오 단지의 놀이터에는 다른 곳에서는 볼 수 없는 '놀이터 공유 도서관'이 있다. 아파트 부녀회에서 시작한 이 도서관은 주민들이 아이들과 함께 많이 이용하는 곳이 되었는데, 이는 놀이터의 또 다른 가능성을 엿보게 하는 대목이다. 놀다가 쉬고 싶거나 책을 읽고 싶은 아이들은 놀이터 도서관에 있는 책을 꺼내 읽기도 하고 친구들과 함께 책 속의 이야기를 나누기도 한다. 도서관이라고 해서 큰 건물을 생각할 필요는 없다. 작은 목조 책장 정도면 충분히 그 기능을 할 수 있다. 아이를 데리고 나온 주민들도 아이가 노는 동안 벤치에 앉아 책을 읽는다. 놀이터에 머무는 시간이 많아지면서 주민들은 서로 얼굴을 익히고 말을 나누기 시작했다.

놀이터 공유 도서관을 만드는 과정에서 주민들의 참여도 활발하게 이루어졌다. 처음에는 관심과 공감을 얻기가 쉽지 않았으나 '주민 커뮤니티 활성화'라는 목표를 달성하기 위한 일부 주민들의 끈질긴 설득과 노력이 차츰 결실을 거두었다. 공유 도서관으로 쓰일 목조 책장 제작부터 각 가정에서 다양한 책을 기증받아 분류하는 작업까지 주민들은 자신의 일인 양 발 벗고 나섰다. 노인정도 이 작업에 힘을 보탰다.

놀이터를 매개로 세대 간 교감이 이루어진 것도 놀이터 공유 도서관의 소득이다. 하루는 할머니가 함께 온 아이에게 책을 읽어주는데, 놀이터에 있던 다른 아이들이 하나둘씩 모여들었다. 책 읽어주는 할머

니도, 듣는 아이들도 재미있어하는 풍경이 자연스럽게 연출되었다. 그러면서 서로 어느 동에 사는 누구인지 알게 되고 얼굴을 익히게 되었다. 이 작고 놀라운 경험은 동화 구연과 독서 토론으로 이어졌고, 급기야 놀이터 도서관에서 읽은 책을 가지고 독후감 쓰는 대회가 열리기도 했다. 다양한 커뮤니티 활동이 놀이터를 매개로 만들어진 것이다.

임유화 씨는 놀이터가 아파트 공동체에서 얼마나 소중한 역할을 할 수 있는지 깨닫게 된 이야기를 들려주었다. 어느 날 너무 피곤해서 집에서 둘째아이와 함께 깊은 잠이 들었단다. 학교에서 돌아온 첫째아이가 초인종을 누르고 전화를 걸기까지 했지만 그것도 모르고 잠에 빠져 있었다. 집에도 못 들어가고 엄마와도 연락이 안 되자 첫째아이는 울면서 놀이터로 갔다. 아이가 울면서 걸어오자 놀이터에 있던 다른 엄마들이 아이를 달래며 함께 있어주고 데려가서 저녁밥까지 먹여주었다. 뒤늦게 잠에서 깬 임유화 씨는 아이에게 자초지종을 듣고 아파트 단지가 공동체로 변화하면서 그 안에서 함께 살아가는 사람들이 자신에게 얼마나 소중하고 고마운 존재들이 되었는지 새삼 깨달았다고 했다.

임유화 씨 외에도 이런 경우는 많았다. 아파트 단지 내에서 잃어버린 반려견을 찾은 경우도 있고 물건을 찾아서 돌려주는 경우도 비일비재했다. 서로 알고 지내는 이웃이라서 가능한 일이었다.

이처럼 놀이터는 관계가 맺어지는 중요한 공간으로 기능할 수 있다. 놀이터가 하나의 커뮤니티 공간으로 기능하면서 마을 전체가 놀이터처럼 작동한다. 놀이터가 단순히 아이들이 뛰노는 공간이 아니라 마을 전체가 소통하는 공적 공간이 된 것이다. 《도시를 보다》라는 책을 보면 놀이터가 사회적 관계를 발전시키는 역할을 한다는 내용이 나온다.

"시간과 공간으로 제한될 수 없는 사회적 관계가 놀이터에서 발전한다. 놀이터에서 우연히 만난 학부모가 바비큐 파티에 다른 학부모를 초대하고 그들은 또 그 파티에 친구를 데려간다. 그 관계는 지역 전체로 확산될 수 있다. 우연한 친목이 그 지역의 지속적인 정체성과 안전을 위한 기본으로 발전하는 것이다. 사회적 네트워크가 밀접할수록 공적 공간의 의미는 더욱 중요해진다. 주민들 사이의 우연한 만남은 그들의 동선이 겹치는 모든 도시 공간에서 발생한다. 교차로, 상점 앞, 뒷마당은 물론 놀이터에서도 말이다."

아파트에 핀 공동체라는 꽃

"마을이라는 곳은 내 아이뿐 아니라 다른 집 아이가 어떻게 커가는지 관심을 두고, 아이들의 이름이 뭔지도 아는 곳이 아닌가 싶어요. 삭막한 아파트지만, 파크리오맘은 주민들이 서로에 대해서는 물론 누가 뉘 집 아이들인지 알고 같이 키워간다는 마음으로 재밌게 살고 있어요. 다른 곳에서도 이런 활동이 충분히 가능하리라 봅니다."

이렇게 말하는 임유화 씨에게 누군가는 이런 공동체 활동이 이것저것 챙기고 보살필 게 많아 피곤하지 않느냐고 물을지도 모르겠다. 그러나 그런 활동으로 잃는 것보다 얻는 게 더 많다는 것이 임유화 씨의 생각이다. 주민들이 종종 그에게 "미달이 덕분에 좋은 친구를 많이 만났어" 하고 건네는 말에서 그는 자신의 활동에 큰 보람을 느낀다고 했다. 아파트 단지 안에서 주민들이 삼삼오오 이야기를 나누고 무언가를 하기 위해 모여 있는 모습을 볼 때도 뿌듯하다.

　도시에 사는 많은 사람들, 특히 아파트에 사는 사람들은 단지 안에 사람들이 아무리 많아도 다들 외롭다고 말한다. 친구를 얻는 것은 물론 말을 나눌 이웃 하나 만나기도 쉽지 않다. 임유화 씨도 그랬다. 하지만 파크리오맘의 경험을 통해 그녀는 아파트 단지 역시 사람이 사는 곳이고 얼마든지 이웃을 만나고 사귈 수 있다는 것을 알게 되었다. 그 시작은 내가 먼저 마음을 열어 인사를 하고 말을 거는 것이었다.

　"아이를 유치원에 데려다주거나 데려올 때도 아는 사람을 늘 만나고 인사를 해요. 그게 아무것도 아닌 것 같은데, 그렇게 얼굴을 맞대고 얘기를 나누고 나면 기분이 좋아져요. 둘째아이가 뜨거운 주전자에 데었는데, 다음날 '어떻게 됐니? 놀랐지?' 하면서 가게에 데려가 커피 한 잔 사주는데 뭉클했어요. 뭘 많이 해줘서가 아니라 간단한 안부로도 기분이 달라지더라고요. 엘리베이터에서 잠깐 안부를 주고받는 행위에서도 정감이 느껴지고요."

　적어도 안부를 묻는 관계, 얼굴을 맞대고 인사를 나누는 관계가 형성된 사람들이 나누는 대화는 그렇지 않은 사람들의 대화와 사뭇 다를 수밖에 없을 것이다. 아이들 이야기부터 층간 소음이나 화장실 냄새 등에 대해 하소연하기도 하고, 시댁과의 갈등이나 이른바 '직장 맘'으로

서의 어려운 점 등을 이야기하면서 공감을 나누고 위로를 받기도 한다. 주민들 사이에 갈등이 생겼을 때에도 서로의 입장을 들어주고 이야기를 나누는 과정에서 갈등이 풀리기도 한다. 상대로부터 배우게도 되고, 내 삶에 감사하는 계기가 되기도 한다. 다른 가족과 남의 삶에 대한 이해의 폭이 넓어지는 경험도 한다. 아파트라는 공간에서 공동체가 활짝 꽃피어났기에 가능한 일들이다.

우리는 곧잘 허황하다거나 근거 없다는 뜻으로 '터무니없다'는 말을 하는데, 원래 '터무니'라는 말은 사람이 땅에 남긴 무늬를 뜻한다고 한다. 신석기 시대 농경이 시작된 이후 인류는 땅에 정착하면서 무늬를 남겼고, 문명은 터에 무늬를 새기는 일로부터 시작되었다. 그런데 문명의 최첨단 주거 방식인 아파트는 말 그대로 터무니가 없는 공간이 되었다. 그것은 아파트가 삶과 생활을 공유하는 공적인 기능을 터에서 지우고 사적 욕망만을 거기에 새겨 넣었기 때문이다. 그러다 보니 우리는 아파트를 삶의 결을 함께 새겨가는 공간이 아니라 '평당 얼마'와 같은 사적 재산으로만 인식하고 평가하는 경향이 커졌다. 이런 인식이 지배적인 사회에서는 이웃의 존재에 대해서는 무감각해지고 오직 집값이 오르는지 떨어지는지 하는 동향에만 민감하게 된다. 당연히 재산 증식을 위해 이사를 오기도 하고 가기도 하는 일들이 잦을 수밖에 없다.

그러나 파크리오아파트에 살고 있는 사람들 중에는 파크리오맘(으로 맺어진 관계의 활동) 때문에 이곳을 떠나지 못한다는 말을 하는 사람들이 적지 않다. 이런 관계가 부럽고 그 활동에 동참하고 싶어서 파크리오아파트로 이사 오고 싶어 하는 사람들도 있다. 아파트가 하나의 공동체로 자리를 잡고 아파트의 커뮤니티 활동이 활발해진다면 오래 눌러 지내면서 말 그대로 함께 '터무니'를 지어가는 사람들이 늘어갈 것이다. 그러기 위해서는 아파트 안에서 주민들이 소통의 즐거움이나 이웃의 소중함을 찾고, 여유가 있다면 아파트 바깥의 외부와 교류하는 것이 중요하다. 파크리오맘의 공동체 활동이 아파트 공동체의 모범적인 사례로서 주목을 받는 이유이다.

아파트에 도서관을 늘리고, 보육 시설, 노인 복지 시설, 생활 체육 시설을 늘리는 등 복지 시설을 늘리는 것만이 아니라, 그것이 이웃과 소통하고 친구를 만들고 함께 새로운 문화를 만들어가는 도구가 될 때 아파트는 새로운 공동체로 거듭날 수 있다. 놀이터를 공동체의 유용한 공간으로 탈바꿈시키는 등 파크리오아파트 단지는 그 가능성을 구체적으로 보여주고 있다. 아주 작고 사소한 것부터 아파트 공동체를 위해 할 수 있는 일은 많다. 베란다나 화단 등 다른 거주자나 행인이 볼 수 있는 곳에 계절 꽃을 놔두는 것도 그런 일이 될 수 있다. 꽃의 향기와 빛깔을 음미하며 사람들이 한마디라도 이야기꽃을 더할 수 있을 테니 말이다.

아파트가 우리나라 주거 유형의 60퍼센트를 차지하는 지금, 아파트에 공동체라는 꽃 하나를 피워보는 일은 이 땅에서 살아가는 상당수 사람들의 삶을 즐겁게 바꾸는 방법이다.

이웃사촌이 와글와글, 마을이 놀이터다!

성미산마을

성미산마을, 서울에 있는 마을공동체 가운데 가장 많이 알려진 곳이다. 성미산마을을 보겠다고 매년 4천 명 이상의 사람들이 '일부러' 이곳을 찾는다. 왜일까? 그곳에는 20년 이상 '함께' 마을을 만든 공동체의 풍경이 있기 때문이다. 그 풍경은 우리가 개발과 성장의 달콤한 과실에 눈이 멀어 돌아보지 않던 바로 그 풍경이다. 개발과 성장만 좇다 보니 공동체는 무너졌고, 모래알처럼 뿔뿔이 흩어져 자기 이익만 챙기던 사람들은 이웃에 무관심하거나 심한 경우에는 이웃을 눈엣가시처럼 여기기도 했다. 층간 소음이나 주차 문제로 칼부림까지 일어났다. 이웃은 없고 남만 남은 것이 지금 우리의 마을 풍경이 되었다.

그러나 이제 그런 경쟁의 시대가 저물고 있다. 사람들은 더 이상 혼자 힘으로 살아갈 수 없음을 알게 되었다. 주거, 의료, 교육, 육아 등은 경제적으로나 환경적으로나 더 이상 혼자 힘으로 해결할 수 없게 되었다. 그렇다고 사회가 해결해 주는 것도 아니다. 안전망이 없는 사회에서 사람들은 일상적으로 불안을 느낀다. 그런 가운데 '혼자'가 아니라 '함께' 살아갈 때 그 불안에서 벗어날 수 있고 혼자서는 해결하기 어려운 일도 풀어갈 수 있다는 것을 자각하는 사람들이 생겨나기 시작했다. 마을공동체를 다시 그리게 된 것이다. 성미산마을이 유명해진 것은 바로 그런 그림을 다른 어떤 곳보다 일찍 그리기 시작해 긴 시간 그 그림을 완성해 왔기 때문이다. 서울 한복판에 이웃사촌들이 왁자지껄 와글와글 살아가는 마을, 개인에게 닥친 여러 문제를 협동하며 즐겁게 해결해 가는 공동체의 모범 사례가 바로 성미산마을이다.

마을공동체, 관계의 산물

서울 마포구에 위치한 성미산, 높이 66미터의 작은 산이다. 산이라 하기보다는 야트막한 언덕 같다. 성미산마을은 이 산에서 이름을 땄다. 성산동, 서교동, 망원동, 합정동 일대에 사는 사람들이 공동 육아, 공동 교육, 공동 주거 등 여러 가지를 함께 하고 같이 놀면서 살아가는 마을이다. 그들은 많은 것을 공동으로 한다. 혼자보다 공동으로 하는 것이 더 익숙하다. 피를 나눈 사촌보다 더 가깝다는 '이웃사촌'이라는 말, 이곳에서는 어렵지 않게 실감할 수 있다. 눈길 한 번 마주치지 않고 살아가는 대도시의 일반적인 모습과는 다르다. 길을 걷다가도 마주치면 반갑게 인사를 나눈다.

큰길에서도 아이든 어른이든 서로를 별명으로 부르는 풍경도 이곳에서는 심심치 않게 볼 수 있다. 나이를 불문하고 서로를 별명으로 부르는 것은 수평적이고 자유로운 소통을 위해서다. 반갑게 인사를 나누고 별칭을 쓰는 것이 다가 아니다. 밥을 같이 먹기도 하고, 재미있고 즐거운 놀이를 함께하기도 한다. 혼자서는 힘든 일을 여럿이 힘을 모아 해결하고 서로 필요한 일이 있으면 도와준다. 성미산마을 사람들은 그렇게 끈끈하게 연결되어 있다. 그렇다면 성미산마을은 어떻게 이런 끈끈한 관계를 형성했고 이를 마을공동체로까지 발전시킬 수 있었을까?

1994년, 성산동에 사는 부모 몇몇의 고민이 그 시작이었다. 자녀가 경쟁에 치여 공부에 매몰되기보다 생명을 소중히 여기는 사람으로 자라게 하려면 어떻게 하는 것이 좋을까? 그들은 직접 어린이집을 만들어 스스로 아이들을 돌보기로 뜻을 모았다. 공동 육아의 시작이었다. 이 어린이집에서 아이들은 마음껏 놀고 친구들과 활기차게 지내며 자랐다. 공동 육아에 대한 부모들의 관심이 큰데다 서로를 이해하고 도우려는 마음도 컸기 때문에 어린이집의 운영도 잘되었다. 이를 본 성미산 인근의 다른 부모들도 용기를 내 어린이집을 만들었다. 얼마 안 돼 성미산마을에는 공동 육아 어린이집이 총 네 개로 늘어났다.

'함께하는 것'의 즐거움을 맛본 사람들이 속속 판을 넓히기 시작하면서 성미산마을은 점점 더 흥미로운 곳이 되어갔다. 혼자 힘으로 불가능하던 것이 힘을 합치면 가능하다는 것을 확인하면서 여러 모임들이 조직되기 시작했다. 가볍게 술 한 잔 하는 자리에서도 어떻게 하면 함께 잘 놀 수 있을지를 궁리했다. 그 와중에 어린이집의 아이들이 자라나 초등학교에 진학할 나이가 되었다. 아이들을 학교 체제 안에서 입시 경쟁에 찌들게 만들고 싶지 않았다. 그들이 찾은 답은 대안 학교를 만드는 것이었다. '성미산학교'를 짓기로 마음을 모았다.

마음이 모이자 출자금이 모이고, 부족한 것은 대출로 충당했다. 학교 운영이나 중요한 결정을 어른들이 일방적으로 하는 것이 아니라 아이들도 함께 참여하게 했다. 입시를 목표로 하지 않기에 입시 위주의 정규 교과 과정도 따를 필요가 없었다. 당연히 성적도 매길 이유가 없었다. 아이들이 성적에 대한 부담 없이 공동체 속에서 함께 살아가는 법을 배워 가는 대안 학교가 만들어졌다. 국·영·수 같은 입시 중심의 교과목이 아닌 사람 사이의 관계와 사랑을 배우고 익힐 수 있도록 교과 과정이 만들이졌다. 도심에서 자연을 느낄 수 있도록 옥상에 생태 공원과 자연 학습장도 만들었다. 공동체가 사람들만의 것이 아니라 다른 생명, 나아가 자연과 함께한다는 것을 자연스레 일깨워주기 위한 방법이었다.

성미산학교는 초·중·고 12년제이지만 지금도 '미인가' 교육 기관이다. 졸업 후 학력을 인정받으려면 검정고시를 봐야 하는 것이다. 그런데도 다른 지역 사람들이 이 학교에 들어오려고 이사를 올 정도로 인기가 좋다. 그것은 아마도 행복이 성적순이 아님을 깨닫고, 성적과 학과 공부보다 더 중요한 공부가 있음을 알아가는 사람들이 그만큼 늘고 있기 때문일 것이다.

아이들만이 아니라 부모도 마을에서 행복한 추억을 만들 수 있다는 기대를 품고 이사를 오는 곳이 성미산마을이기도 하다. 이웃사촌으로서 친밀하게 지내면서 마을의 다양한 일들을 함께 시도해 보는 즐거움 때문이다. 그래서 이 마을에서는 실패가 없다. 실패조차도 함께하는 즐거움으로 여기기 때문이다. '갈숲'이라는 별명으로 불리는 위성남 씨는 마을에서 이루어지는 모든 과정이 마을살이의 즐거움이라며 이렇게 말한다.

"어린이집으로 시작해서 자연스럽게 학교를 만들게 됐고, 같이 생활하다 보니 마을 카페와 각자 쓰던 물건을 나누는 가게, 유기농 음식을 파는 레스토랑도 생겨났죠. 성미산마을은 지리적 구분이 아니라 생겨났다가 사라지는 커뮤니티들의 모임이에요. 그렇다고 전체를 총괄하는 조직이 있는 것도 아니에요. 작은 커뮤니티들이 필요하면 생겼다가 필요 없으면 사라지는데, 그런 커뮤니티에 참여한 사람들 모두 성미산마을 주민이라고 생각해요."

마을에는 갈 곳이 많다

마을은 인간의 삶을 위한 무대이자 틀이다. 주민들은 마을에 살면서 어떤 식으로든 흔적을 남기고 그 흔적은 다시 마을의 어떤 모습을 만들어낸다. 성미산마을 역시 주민들과 서로 영향을 주고받으며 성장해 왔다. 주민들이 성미산마을을 만든 한편으로, 성미산마을이 주민들의 삶을 바꾸기도 한 것이다. 아이들의 교육에 대한 고민을 함께하며 어린이

집과 학교를 만든 데서 시작한 '마을'이었지만, 그렇게 만들어진 마을 안에서 사람들이 서로 연결되고 관계가 깊어지면서 정을 나누고 즐거움을 누리게 되었다.

마을살이의 묘미는 만나서 함께 놀고 이야기하고 부대끼면서 상호 교류하는 데 있다. 성미산마을에서 중요하게 자리한 문화 가운데 하나가 수다 문화다. 수다는 다르게 말하면 '일상의 소통'이라고도 할 수 있을 텐데, 꼭 그렇게 의미 부여를 하지 않더라도 그저 가까운 곳에 함께 이야기를 나눌 상대가 있으니 좋은 것이다.

수다는 자신의 고민거리나 속상한 얘기는 물론 이웃에게 바라는 것, 제안하고 싶은 것 등등 크고 작은 얘기를 속 편히 나눈다는 점에서 좋은 것이다. 성미산마을의 수많은 놀거리, 볼거리, 재밋거리 등은 대부분 수다에서 비롯되었다. 만나고 모여서 "이거 해볼까? 저거 해볼까?" 상상하고 주고받은 이야기들이 하나씩 현실로 만들어진 것이다. 갈숲은 그것을 이렇게 말한다.

"성미산마을은 누가 일부러 계획해서 만든 것이 아닙니다. 주민들끼리 자주 모여 이야기하고 놀다 보니 신이 났고, 우리 삶과 생활에 필요한 것들을 하나둘 꺼내게 된 거죠. 그렇게 나온 아이디어들을 십시일반으로 힘을 모아 실현한 것들이 오늘에 이른 거고요. 잘 안 된 것도 있지만, 그건 충분히 그럴 수 있다고 봐요. 마을에서 한다고 반드시 잘되어야 하는 건 아니잖아요. 그저 마을살이의 과정이라고 보는 거죠."

마을극장과 마을 축제도 이런 과정을 통해 탄생했다. 성미산 마을극

장은 성미산마을 주민들의 전천후 놀이터 역할을 한다. 마을극장이 생기기 전 이미 성미산마을에는 연극, 밴드, 댄스, 사진, 영상 등 다양한 동아리가 활동하고 있었다. 동아리 활동을 사람들과 나누기 위해서도 그렇지만 평소에도 연습할 공간이 필요했다. 이러한 주민들의 필요가 극장을 만든 계기였다. 마을극장에서는 주민들의 공연이 수시로 펼쳐지고, 영화 관련 일을 하는 마을 주민이 프로그램을 짜 다른 마을 주민들과 함께 영화를 보는 시간도 마련하고 있다. 성미산 마을극장은 공연과 관람 뿐 아니라 워크숍, 강의, 파티 등의 용도로도 사용할 수 있어 주민들의 문화 예술 욕구를 충족하는 중요한 공간으로 기능하고 있다.

마을 축제는 마을의 활력소로서, 신명나게 놀아보자는 마을 주민들의 욕구를 분출시키는 행사이다. 2001년부터 해마다 5월이면 성미산마을에서는 일주일 동안 축제가 열린다. 축제의 모든 행사는 주민들이 직접 기획하고 진행한다. 마을 안의 다양한 동아리들이 축제 행사에 참여하며, 이 기간에는 골목에 차가 다니지 못하도록 막고 온전하게 축제에 집중하면서 한바탕 신명나게 논다. 노는 것이 곧 마을살이 가운데서도 가장 큰 부분임을 보여주는 흥미로운 풍경이다.

마을 주민들의 필요에 의해서 만들어진 것들은 여기서 그치지 않는다. 카페 '작은나무'는 주민들이 출자해 만든 협동조합형 카페로 마을의 사랑방이자 문화 공간의 구실을 하고 있다. 200명이 넘는 마을 주민들이 출자해서 연 이 카페는 출자자 명패가 카페 안에 전시되어 있다. 모여 있는 명패들처럼 이곳에서는 온갖 만남과 관계가 자연스럽게 이루어진다. 차나 커피를 마시며 혼자 책을 보거나 휴식을 취하기도 하고, 그러다 마을 주민을 만나면 자연스럽게 담소를 나누기도 한다. 마을 아이들도 수시로 와서 놀다 간다. 아이들은 이곳에서 유기농 아이스크림을 사 먹는다.

'성미산밥상'은 유기농 재료를 쓰고 MSG 등 화학 첨가물을 쓰지 않는 마을 식당으로, 요리를 좋아하는 마을 주민이 다른 주민들의 도움을 받아 꿈을 이룬 곳이다. 역시 협동조합형 식당으로 출자자들의 이름이 식당 벽면에 새겨져 있다. 좋은 재료를 써서 정성들여 만든 음식을 먹을 수 있는 식당이 있으면 좋겠다는 주민들의 필요가 식당을 하고 싶어 하는 주민의 꿈과 만나 마을 식당을 탄생시킨 것이다.

공동 육아와 대안 학교를 해오면서 아이들에게 줄 수 있는 안전한 먹을거리에 대한 관심이 커지면서 '울림두레생활협동조합'(옛 마포두레생활협동조합)도 만들었다. 친환경 유기 농산물과 영양가 있는 식재료, 안전한 생활용품을 비싸지 않은 가격에 주민들에게 공급하기 위해서였다. 처음에는 100여 가구가 조합원으로 참여했으나 점차 이곳을 찾는 주민들이 많아지면서 조합원의 범위를 마포 지역에 한정하지 않고 서울의 강북 지역 전체로 확대했다. 2014년 기준으로 4,500여 가구가 조합원으로 활동하고 있을 정도로 규모가 커졌다.

서울에서 공동 주거와 공동 주택의 성공한 사례로 각광받고 있는 '소통이 있어서 행복한 주택', 이른바 '소행주'도 주민들이 협동해서 살아가는 방법 중 하나다. 획일적으로 자신의 삶을 끼워 맞춰야 하는 아파트와 같은 공간에 들어가기 싫은 주민들이 출자해서 만든 공동 주택이 소행주다. 입주자들은 '채나눔'* 이라는 건축 철학을 가진 이일훈 건축가와 함께, 비록 건물은 하나지만 각자의 공간은 각자가 원하는 형태로 다 다르게 설계해서 집을 지었다. 내 삶의 방식을 거주 공간에 대입하여 공간의 크기와 구조를 각기 다르게 지은 점이 소행주의 남다른 점이다. 개인의 공간은 그렇게 각자의 개성을 존중해서 다르게 지었지만, 그렇다고 공동 주거에 필요한 공유 공간이 빠질 리 없다. 회의실 등으로 활용하는 공동 회관, 공동 부엌, 공방 등 입주자를 위한 생활 시설이 그런 공유 공간이다.

아이들을 놀게 하려다 어른도 논다

성미산마을은 아이를 제대로 자라게 하고 싶다는 주민들의 간절한 마음에서 비롯되었다. 그런데 그 과정에서 어른들도 자랐다. 아이들이 자유롭게 놀 수 있게 하려고 시작했다가 어른들도 이런저런 재미난 마을살이를 하게 된 셈이다.

그 과정에서 관계망들이 만들어지고 연결되면서 마을살이는 더욱

＊ 사랑채, 안채 등과 같이 집이나 방을 가리키는 고유어인 '채'와 '나눔'을 합친 용어로서, 사는 공간을 계속 더해갈 것이 아니라 나눠가자는 주장이다. 중앙 집중화나 고층화가 아닌 나눔을 통해서 집을 짓는 데 가장 중요한 물, 바람, 햇볕, 흙이라는 소중한 요소들을 집이나 방 안으로 끌어들이자는 것이 그 핵심이다. 건축가 이일훈은 채나눔의 설계 방법론으로 '불편하게 살기' '밖에서 살기' '늘려 살기'를 제안한다.

다양해졌다. 의도적인 계획이나 기획으로 만들어진 것이 아니었다. 이웃에게 인사를 하고 말을 나누기 시작하면서 그 첫 단추가 꿰어졌고, 자신들에게 필요한 것을 마을 안에 직접 만들어가면서 그 관계망은 점점 더 촘촘해지고 넓어진 것이다. 그리고 어느 순간 성미산마을은 단순한 위치에 국한되지 않고 성미산 밖 사람들과도 연결되는 훨씬 커다란 관계망이 되었다.

그렇게 성미산마을은 관계망의 결집체다. 생활과 문화를 공유하는 사람들이 같이 놀면서 만든 성미산마을은 어느덧 20년이 흘렀고, 이제 성인이 된 공동 육아와 대안 학교의 그 아이들이 이어받아 새로운 그림을 그려나갈 시점이 되었다. 세대의 전환은 마을 이야기에 어떤 변곡점을 제시하게 될까? 서울 곳곳에 생겨난 많은 마을공동체는 성미산마을의 세대 교체를 그래서 흥미로운 눈으로 지켜보고 있다. 자신들의 마을공동체도 언젠가는 맞닥뜨릴 현실이기 때문이다.

/2/
우리는
마을에서,
먹는다

음식 공유, 마을 공동체의 출발점

'어울려 먹기'를 통해 마을에서 할 수 있는 것

수운잡방

장면 하나, 시끌벅적하다.

아베 야로의 인기 만화《심야 식당》을 원작으로 만든 일본 드라마〈심야 식당〉이 상영된다. 화면 속 음식과 동일한 음식을 해 먹으면서 이야기를 나누고 관계를 맺는 시간이다. 자신의 지혜와 경험을 다른 사람들과 공유하는 온라인 플랫폼 위즈돔www.wisdo.me을 통해 한 직장인이 개설한 '심야 식당'의 모습이다. 동네방네 곳곳에서 사람들이 모였다.

요리는 가츠돈이다. 이날〈심야 식당〉에 나온 메뉴이기도 하다. 지글지글 탁탁탁, 음식 만드는 소리와 향이 어우러지는 와중에 수다도 빠질 수 없다. 이른바 '먹방' 전성 시대를 실감케 한다. 그렇다고 수많은 맛집 블로그에서 흔히 볼 수 있는 진부한 사진 속의 음식이 아니다. 음식을 앞에 놓고 이야기를 나누고 관계를 맺고 있기 때문이다.

하하호호 웃는 소리, "맛있다"고 감탄하는 소리가 곳곳에서 흘러

나올 즈음 모두에게 맥주가 한 잔씩 돌아간다. 여자와 남자 비슷한 성비로 모인 십여 명의 사람들이 맥주 한 잔씩 들고 건배를 외친다. 만화 《심야 식당》과 드라마 〈심야 식당〉을 좋아하는 20~30대가 공통의 관심사로 모여 있다 보니 쉽게 친해진다.

음식 품평도 빠지지 않는다. "진짜 맛있어요." "식당 차려도 되겠어요." 이날 심야 식당의 셰프로 변신한 한 남자 회사원은 수줍은 미소를 짓는다. 그렇게 심야 식당의 밤이 깊어간다. 배경 음악까지 죽인다. 밴드 '장미여관'의 〈봉숙이〉. 우리 봉숙이, 잘 지내고 있을까? 누군가 옛 사랑이 생각나는지 데킬라 한 잔 더 청한다. 밤이 그렇게 깊어간다.

장면 둘, 왁자지껄하다.

사람들의 대화가 도란도란 흘러넘치고, 무엇보다 후각과 미각을 현혹하는 음식 향이 퍼진다. 먹을거리 분야에서 난다 긴다 하는 '선수'들이 모였으니 오죽하리오. 라인업이 화려하다.

고은정 약선 요리 연구가, 황교익 맛 칼럼니스트, 김경애 요리사, 박상현 맛 칼럼니스트, 고영주 쇼콜라티에, 정은정 사회학 연구가, 이호준 〈식객〉 스토리 작가, 박성경 도서출판 따비 대표 등 스무 명 넘는 사람들이 모여 이야기꽃을 피웠다. "먹는 것이 곧 사람"이라고 주장하는 '요리하는 인간', 즉 호모 코쿠엔스Homo Coquens들의 잔치다.

서울 마포구에 소재지를 둔 '삶과먹을거리협동조합 끼니'의 조합원들이 벌이는 '맛 콘서트' 행사 후 가진 송년 모임 자리인데, 호모 코쿠엔스들의 모임에 맛있는 음식이 빠질 수 있으랴. 무엇보다 음식은 개인과 사회 집단의 정체성을 이루는 핵심 요소가 아니던가. 동지팥죽과 동치미, 도쿄식 김밥, 제철 방어회, 남원 흑돼지 족발 수육, 석화(굴), 부산에서 당일 생산되어 올라온 어묵과 스지, 은평구의 한 마을에서 당일 생산된 두부, 국산 호두·우리 밀·국산 팥앙금으로 만든 광덕 호두과자, 초콜릿, 밀가루가 들어가지 않은 초코 브라우니, 술(호산춘과 화개장터 무감미료 막걸리) 등 푸짐한 상이 차려졌다. 모두들 군침을 삼킨다. 꿀꺽.

사실 무엇을 어떻게 먹느냐는 그저 본능에 따라 저절로 이루어지는 것이 아니다. 문화적인 것이다. 먹을거리를 허투루 다룰 수 없는 이유다. 그러니까 협동조합 끼니는 이렇게 물으며 바른 먹을거리 문화를 찾고 나누려는 집단이다. "당신의 먹을거리는 안녕하십니까?"

무언가를 함께 먹는다는 것

위의 두 장면은 서울 마포구 서교동에 자리한 '수운잡방需雲雜方'에서 펼쳐진 풍경들이다. 수운잡방은 커피 노동자들이 함께 만든 노동자(직원)협동조합 '적정기업 ep coop(이피쿱)'의 구성원들이 모여 있는 공간이다. 그러나 이들은 이 공간을 자신들의 일터로만 사용하지 않는다. 그들은 이 공간을 마을 사람들이 함께 만나서 뭔가를 나누는 장소로 활용되기를 바랐고, 그래서 그 공간을 '마을' 사람들에게 활짝 개방했다. 누군가는 코워킹co-working 공간으로 활용하며, 누군가는 함께 요리를 하고 음식을 나눠 먹는 장소로 사용한다. 파티를 여는가 하면, 워크숍이나 세미나를 개최하기도 한다.

이곳에선 먹을거리를 중심으로 작당하고 모의하면서 세상과 삶을 바라보고 읽는 움직임이 눈에 두드러진다. 수운잡방이 무엇보다 먹을 거리를 나누는 공간이 되기를 바랐기 때문이기도 한데, 대표적인 것이 '심야 식당'이나 '끼니' 같은 모임이다. 그들은 수운잡방에 모여서 제대로 먹는 즐거움을 공유한다. 물론 먹는다는 것이 단지 음식을 먹는 것에만 국한되지는 않는다. 입이 열리면 마음이 열린다. 마음과 마음이 연결된다. 먹는 것을 통해 '관계'가 맺어지는 것이다.

수운잡방의 커피 노동자 중 한 명이기도 한 나는 '함께 먹는' 행위의 마술(?)을 경험해 본 적이 있다. 20대에 처음으로 경험한 첫사랑을 통해서였다. 첫 번째 사랑과 맺어진 매개는 커피였다. 아마 그것이 지금의 나를 커피 만드는 사람으로 이끌었을 것이다. 함께 먹는 행위는 이후의 내 삶을 송두리째 바꿀 만큼 강렬한 여운을 남겼다. 더욱이 그 상대가 첫사랑의 연인이었으니 더 그러했을 것이다.

그날 함께 마신 커피가 어떻게 잊지 못할 기억으로 남고, 그 기억이 어떻게 내 삶을 흔들어놓았는지 그 순간을 짧게 이야기해 보고 싶다.

그 순간이 오기 전까지, 나는 누군가의 뒤에서 광채나 후광이 보인다는 말을 믿지 않았다. 한데 그런 순간이 닥쳤다. 우리는 미국의 한 작은 도시에 어학 연수를 가서 만났고, 고향이 같다는 이유 등으로 친해지기 시작했다. 그리고 어느 가을의 주말 그녀는 카메라를 사고 싶다며 시내에 함께 가서 카메라 고르는 것을 도와달라고 했다.

나는 약속 장소에 먼저 도착해 그녀를 기다리고 있었다. 저 멀리서 그녀의 모습이 보인다 싶었다. 햇살을 등지고 걸어오는데, 뭐랄까 눈이 아득해졌다. 하늘거리는 원피스와 파란 빛깔의 재킷, 얼굴을 감싸는 챙 넓은 모자와 푸른 선글라스로 한껏 분위기를 낸 모습이 햇살과 뒤범벅되어 보이는 순간, 내 입에서 아주 작은 탄성이 흘러나왔다. "아……" 심장은 박동 속도를 높이더니 쿵쿵쿵 우렁찬 소리를 내기 시작했다.

　순식간이었다. 그건 교통사고 같은 '사랑 사고'였다. 그렇게 작동한 심장을 부여잡고, 시내를 거닐다가 우리는 백화점 옥상에 위치한 커피 하우스를 찾았다. 그곳의 커피 한 잔 가격은 25센트. 가난한 학생들에겐 더할 나위 없이 '착한' 가격이었다. 25센트 커피 두 잔을 시켜놓고 처음으로 서로의 살아온 이야기들을 풀기 시작했다. 커피 잔을 사이에 두고 앉아 그녀와 이야기를 나누기는 처음이었다.

　그야말로 주절주절 대면서 나는 25센트짜리 커피에 흠뻑 취했다. 커피 향이 이렇게 좋은 것이구나, 처음 느꼈다. 그것은 이끌림이었다. 그 커피 향엔 내 설렘이 가미됐고, 나의 첫사랑은 그렇게 커피와 함께 시작되었다. 가을날의 달콤한 햇살도 나의 연정을 부추겼을 것이다. 모든 타이밍은 그렇게 맞아떨어졌다. 가을날, 햇살, 주말, 다운타운, 예쁜 커피 하우스, 25센트 커피 한 잔, 그리고 무엇보다 그녀.

　아마도, 그 커피 한 잔 때문이었을 것이다. 나는 그 커피를 빼고는 그녀를 기억할 수 없게 되었다. 그리고 나는 그 기억을 품고 커피를 만드는 사람이 되었다. 나도 누군가에게 그런 순간을 선사하는, 관계를 맺게 하는 커피를 만들어주고 싶었다. 중요한 것은 관계였다. 커피를 마실 때도, 밥을 함께 먹을 때도, 무언가를 함께 먹는 것은 '관계'를 만드는 일이기도 하다는 것을 나는 그때 가슴으로 알게 되었다.

마을아, 밥 한 끼 하자!

나는 그렇게 커피를 비롯한 먹을거리를 통해 사람들이 관계를 만들어가도록 도울 수 있다면 좋겠다는 생각을 했다. 무언가를 함께 먹으면서 얻는 즐거움이 얼마나 큰지 잊을 수 없었기 때문이다. 더구나 다른 사람과 함께 나눌 수 있는 그런 즐거움이라면!

그런 면에서 수운잡방을 커피를 만들고 제공하는 공간이자 주방을 갖춘 공간으로 꾸민 것은 자연스러운 일이었다. 음식을 함께 만들고(커뮤니티 키친), 음식을 함께 먹는(소셜 다이닝) 공간, 그리하여 관계를 맺을 수 있는 공간으로 만든 것이다.

인류사를 돌아봐도 밥을 '함께' 먹는다는 것은 중요한 의미가 있었다. 밥을 함께 먹는 것은 기본적인 신뢰가 깔려 있음을 보여주는 행위였다. 서양에서 유래된 건배의 풍습도 같은 맥락에서 비롯되었다. 술에 독을 타지 않았다는 것을 증명하기 위해 건배를 한 것이다. 그래서 "밥 한 번 먹자"는 말 뒤에는 식사 한 끼가 주는 신뢰의 공유가 있다. 밥을 같이 먹을 때 우리는 밥만이 아니라 삶의 이야기도 나누게 마련이고, 따라서 함께 밥을 먹는 사람의 삶에도 귀를 기울이게 된다. 그래서 함께 무언가를 먹는 행위를 통해 공동체가 만들어지기도 한다.

수운잡방을 연 것은 그런 '관계'들이 이 공간을 통해 만들어지기를 꿈꾸었기 때문이기도 하다. 공정무역 커피를 다루는 것도 그런 맥락과 닿아 있었다. 커피 산지의 노동자에게 정당한 대가를 지불하는 것만이 공정무역은 아니다. 공정무역은 생산자의 노동과 삶을 생각하게 만들고, 생산자와 소비자가 따로 떨어진 관계가 아니라 연결된 관계임을 알게 한다. 보이지 않지만 그것을 생산한 사람을 상상하는 능력이 공정무역의 또 다른 의미일 것이다. 그런 공정무역 커피를 맛있게 로스팅하고 먹을거리를 통해 또 다른 관계들을 만들어나가는 공간이 수운잡방이다. 단순히 맛있는 먹을거리를 제공하는 것이 목적이 아니었다. '맛'이라는 열쇠말로 공부도 하고, 모여서 쑥덕공론이라도 나누고 싶었다.

수운잡방에서 '맛 콘서트'가 열리는 것도 그런 맥락에서다. 가짜 맛에 길들여진 미각에 본연의 참맛을 일깨우는 내용의 강연과 테이스팅(맛보기)이 함께 진행되는 식문화 프로젝트다. 수운잡방에서는 2013년 한해 총 16회의 맛 콘서트가 열렸고, 700여 명이 참여했다. 맛에 대한 새로운 시각, 먹을거리에 대한 또 다른 관점을 갈구하던 많은 이들이 관심을 보였다. 맛 콘서트 결산 파티에 참여한 많은 사람들이 한결같이 말했다. "먹는 것이 달라졌어요." 먹는 것이 달라지면서 삶이 달라졌다는 말도 빼놓지 않았다. 먹고사는 것이 달라진 사람들이 서로서로 자연스럽게 관계를 형성해 갔기 때문이다.

우리는 '산다'는 말보다 '먹고산다'는 말을 더 자주 사용한다. "살기 힘들다"고 말해도 될 것을 "먹고살기 힘들다"고 말한다. 이유는 간단하다. 먹는 것과 사는 것은 결국 같은 일이기 때문이다. 산다는 것은 먹는다는 것이다. 속담에서도 그것을 엿본다. "사흘 굶으면 포도청의 담도 뛰어넘는다." 도덕도, 정치도, 경제도 모두 먹는 것 다음이다.

수운잡방의 장 담그기 프로젝트도 빠질 수 없다. 내 손으로 직접 담가서 먹는 '우리 장 아카데미'는 주민들의 좋은 호응을 얻었다. 인근 주민들이 매주 한 번씩 모여서 장 만들기와 요리 실습을 함께 하고, 장을 어떻게 하면 잘 만들어 맛있게 먹을 수 있는지 동네 사람들과 함께 직접 실천해 보는 프로젝트였다.

아카데미가 끝났어도 사람들의 관계는 그것으로 끝나지 않았다. 수운잡방이 위치한 건물의 옥상에 장독대를 놓고 장을 발효시키는 과정을 함께하는 한편, 매달 한 차례씩 수운잡방에서 커뮤니티 키친을 진행하기도 했다. 장을 함께 담그며 새로 형성한 관계를 계속 이어갔다.

이렇게 '어울려서 요리하고 먹는' 즐거움이 주방에서 시작해 마을로 이어진다. 몸을 움직여 함께 먹을거리를 만드는 즐거움을 공유하는 것도 마을공동체의 출발점으로 손색이 없다. 수운잡방에서 가끔 파티나 잔치가 열리는 이유이기도 하다. 함께 먹으면서 마을의 대소사를 나눈다. 떡국을 끓여 먹으며 마을 신문 만들기 모임도 열고, 동네 친구들이 모여 요리 자랑도 한다. 각자 먹을거리를 하나씩 들고 와서 마을 주민이나 지인과 나누어 먹는 포트럭 파티도 빠질 수 없다. 함께 협동조합 교육을 받은 사람들끼리 파티를 열기도 하는데, 그들은 이런 자리를 통해 관계를 돈독히 하면서 서로의 유대를 더욱 깊게 해나간다.

이처럼 수운잡방은 밥 한 끼 하자는 말에 담긴 의미를 확인할 수 있는 공간으로 기능하고 있다.

함께 어울리고 공유할 수 있는 공간으로

앞서 말했지만, 먹는 행위에 우선할 수 있는 행위는 없다. 그럼에도 먹는 것에 견줄 만한 행위가 있다. 말하기다. 먹기와 말하기, 이 두 행위는 자세히 보면 통하는 면이 많다. 모두 입과 혀를 거친다. 음식은 입을 통해 들어오고, 말은 입을 통해 나간다. 혀는 자신이 먹고 즐겼던 것을 언어로 다시 돌려준다. 먹는 것과 말하는 것은 그렇게 얽혀 있다.

먹으면서 말을 섞는 것은 그래서 자연스럽다. 그것을 가능하게 만드는 공간으로 기능하는 수운잡방은 '만남의 장소' 혹은 '가능성의 장소'라고도 할 수 있다. 어느 마을, 어느 지역이나 사람들이 어울릴 수 있는 장소가 꼭 필요하다. 그래서 마을회관이나 노인정, 놀이터 같은 공유 공간이 중요하다. 접촉이 일어나기 때문이다. 수운잡방은 그런 만남을 위한 매개로 먹을거리를 택한 것이다.

그리고 수운잡방을 찾는 사람들에게는 뜻밖의 선물을 주어진다. 바로 맛있는 공정무역 커피 한 잔. 외부 단체에 단순히 공간을 대여한 경우를 빼고는, 누구나 수운잡방에 오면 커피 한 잔씩 무료로 마실 수 있다. 수운잡방의 문이 열려 있는 시간이라면 너 나 할 것 없이 그냥 불쑥 찾아가 커피 한 잔씩 먹어도 좋다. 누군가에게는 그것이 수운잡방을 다시 찾는 이유이기도 하다. 커피 한 잔 마시고 싶을 때마다 수운잡방을 찾는다는 인근의 회사원도 있다.

그 외에도 수운잡방은 '서스펜디드 커피Suspended Coffee'※를 생각하고 있다. '맡겨두는 커피'라고도 불리는 이것은 커피 한 잔이 마시고 싶어도 마실 수 없는 이웃을 위해 미리 커피 값을 지불해 두는 것이다.

수운잡방은 이처럼 마을 주민들이 공간을 함께 쓰면서 커피를 비롯한 음식을 나누고, 이를 통해 마음과 마음이 자연스럽게 연결되는 관계들을 만들어가는 공간이 되기를 꿈꾼다. 서로에게 의지가 되는 관계가 있고, 세상살이의 크고 작은 즐거움들까지 함께 나누며, 함께 먹는 것을 통해 우리가 사는 세계를 생각해 볼 수 있는 그런 곳.

물론 한 자리에 앉아서 먹는다고 해서 마음이나 삶까지 '함께'한다고 말할 수는 없다. 커피하우스나 식당에서 한 자리에 앉아 있지만, 각자 자신의 스마트폰으로 다른 세상과 '접속'하는 풍경을 요즘 흔하게 본다. 내 앞의 혹은 내 옆의 사람과 접촉하지 않고 다른 세상과 접속한

※ 서스펜디드 커피 운동은 약 100년 전 이탈리아 남부 나폴리 지방에서 '카페 소스페소Caffe Sospeso'(맡겨둔 커피)라는 이름으로 전해오던 전통에서 비롯되었다. 이후 거의 활성화되지 못하다가 2010년 12월 10일 세계 인권의 날에 즈음해 이탈리아에서 '서스펜디드 커피 네트워크'란 페스티벌 조직이 결성되면서 다시 부활했다. 방식은 이러하다. 카페에서 고객은 자신이 마신 커피 값뿐 아니라 다른 이의 커피 값까지 미리 낸다. 카페는 누군가 대신 내놓은 커피 값이 있다고 표시를 해두고, 그러면 지나던 노숙인이나 형편이 어려운 사람이 그것을 먹을 기회를 얻는 것이다. 최소한 먹는 것만큼은 자연스럽게 먹을 수 있게 하자는 생각에서 나온 운동이다. 현재 미국·영국·호주·캐나다 등 세계 전역에서 활발히 이뤄지고 있다. 불가리아에서는 150개 이상의 커피 전문점들이 이 운동에 참여하고 있다. 한국에서도 '미리내'라는 이름의 가게가 비슷한 활동을 하고 있다.

다. 그러면서 우리는 서로 함께하고 있다고 착각한다.

또 하나, 오늘날 세상에는 먹을거리가 너무 풍부해졌다. 그래서인지 많은 사람들이 먹을거리와 그것을 생산하기 위한 노동에 대한 고마움과 미안함을 잊고 산다. 수운잡방에서 열리는 먹을거리 관련한 강연이나 세미나, 포럼을 비롯한 커뮤니티 키친 등은 그런 고마움과 미안함을 품도록 하기 위한 것이기도 하다. 함께 먹으면서 이야기를 나누는 즐거움을 되살리자는 취지로 수운잡방은 탄생했고 운영되고 있다. 함께 먹으면서 나누는 즐거움이라고 했지만, 그것은 탐식과는 다르다. 맛있는 음식만 찾아다니는 것이 탐식이라면, 음식에 담긴 삶과 세상을 맛보는 것은 미식이다. 수운잡방이 추구하는 것이 바로 이런 미식의 즐거움이다.

"아무튼 엄청난 먹보가 많은 우리 친지들은 맛있는 음식을 발견하면 다른 사람에게도 먹이고 싶어 하는 습성이 있다. 또 그것이 사람을 가장 행복하게 하는 가장 확실한 방법이라 믿어 의심치 않는다."

─요네하라 마리,《미식견문록》

미식이 별건가? 작지만 내가 품은 세계를 공유하고 상호 교류하면서 먹고살아 가는 즐거움을 아는 것이 미식 아닐까? 먹는 일이 달라지면 삶을 좀 더 나은 방향으로 가게 할 수 있다. 그리고 그것은 마을 안의 공유 공간에서부터 가능해질 수 있다. 물론 단시간에 되지는 않을지라도.

‘이동하는 마을’을 아시나요?

이웃랄랄라

“아는 사람 한 명 없고 잠만 자는 우리 동네를 활기찬 초록빛으로 바꿀 1인 가족을 찾습니다.”

이웃랄랄라http://cafe.naver.com/ecolalala의 시작이 된 공지 글의 한 구절이다. 2010년, 회사원이자 독립생활자(1인 가구)인 이정인 씨는 자기와 처지가 비슷한 독립생활자들을 만나고 싶었다. 인터넷 카페를 개설하고 함께할 1인 가족을 찾는다는 공지를 내걸었다. 그렇다고 큰 기대는 갖지 않았다. ‘에이, 누가 이런 것에 관심을 가지겠어? 그래도 누군가 한 사람이라도 만나면 좋겠다.’ 그냥 그런 정도의 생각이었다.

독립해서 혼자 산다는 것은 분명 책임을 요하는 일이었다. 서로 사랑하고 돌보는 것은 힘들이지 않아도 즐겁고 신나는 일이지만, 자신을 돌보고 사랑하는 것은 특별히 더 힘을 내야 하는 일이기 때문이다.

2010년 기준, 1인 가구는 전체 가구의 25퍼센트에 달해 있었다. 전체 가구에서 넷 중 하나가 혼자 사는 독립생활자라는 말이다. 그러나 사회가 이들에게 관심을 보이는 경우는 이들이 '소비자'로서 존재할 때 뿐이었다. 1인 가구의 증가 추세에 맞춘 상품이나 서비스가 등장할 때를 제외하고는 '1인 가구'가 사회의 초점이 되는 경우는 없었다.

햇반, 듀오, 원룸. 이정인 씨는 이 세 가지를 1인 가구의 대표적인 상징으로 꼽았다. 그는 곰곰이 생각해 보았다. 귀찮다는 이유 등으로 불규칙한 식습관이 형성되고, 친구들도 결혼이나 직장 생활 등으로 멀어져 인간 관계도 좁아지고 있었다. 좁은 원룸은 누군가를 초대하기도 힘들었고, 퇴근하고 늦게 돌아온 원룸에서 다른 네트워크를 쌓고 싶어도 쉽지 않았다. 독립을 했지만 고립되고 싶진 않았다. 그때 반짝하고 떠오른 생각이 있었다. '비슷한 사람들끼리 모이면 되지 않을까?'

독립과 고립은 엄연히 다른 것이다. 고립은 단절된 상태를 뜻하지만, 독립은 연대 속에서도 가능하다. 아니 독립되지 않으면 연대 자체가 불가능하다. 따라서 독립은 고립이 아니다. 인간은 빵만으로는 살 수 없다. 때로는 장미를 원하기도 하고, 가치를 지향하기도 한다. 독립생활자들끼리 만나고 소통하고 의지할 수 있다면 좋을 것 같았다. 같은 뜻을 나누고 힘을 모아 뭔가 함께 할 수 있는 일도 찾을 수 있을 것 같았다.

독립적이되, 서로 뭉칠 수 있을 때 뭉치기, 잠만 자고 가는 우리 동네를 활기차고 생기가 도는 초록빛 동네로 바꾸어보기, 이웃랄랄라를 시작한 이정인 씨가 품은 기대였다. 독립생활자들이 이웃이 된다면 함께 만나 소통도 하고 뭔가 도모도 해가면서 랄랄라 즐겁게 생활할 수

있을 것 같았다. 생각만으로도 벅찼다. '난 혼자가 아니야!'

반응은 의외로 뜨거웠다. 나도, 나도, 손을 들었다. 함께하고 싶다는 신청이 쇄도했다. 4인 가족을 가구의 '표본'으로 보던 잣대는 이미 현실과 괴리가 크다는 걸 반증이라도 하는 것 같았다. 60여 명이나 되는 사람들이 인터넷 카페에 가입했다. 2010년 3월 마포구 합정동 '벼레별씨 커피집'의 옥상에서 첫 모임을 가졌다. 그렇게 이웃랄랄라는 첫 테이프를 끊었다. 17명이 첫모임에 참석했다. 20대부터 40대까지, 거기에 직업군도 다양했다. 독립생활자들이 이렇게 모일 수 있다는 것이 좋았다. 고립을 벗어날 수 있는 계기가 마련되었다.

공식 모임은 월 1회, 텃밭 농사를 시작으로 즐거운 공동체 활동을 하기로 의견이 모아졌다. 1인 가구의 가장 취약한 부분이 먹을거리다. 그래서 힘을 모아 작물을 재배할 수 있고, 다 자란 뒤 그것을 함께 먹는 즐거움도 누릴 수 있다는 점에서 텃밭 농사를 짓기로 한 것이다. 텃밭 농사를 지어보자며 세운 모토는 아주 간단했다.

"심고, 뽑고, 맛보고, 즐기고."

공간적으로 고정돼 있지 않아도 사람들이 한데 모여 얘기하고 교감한다는 점에서 이동하는 마을이라 할 수 있는 이웃랄랄라의 시작이었다.

함께 즐겁게 랄랄라~

물론 텃밭 농사라고는 해도 시작을 하고 보니 난관이 적지 않았다.

먼저 농사를 거의 지어본 적이 없는 도시인들로 구성돼 있다 보니 시행착오를 겪지 않을 수 없었다. 어떻게 작물을 가꾸고 어떻게 환경을 조성해야 좋을지 알 수 없었다. 거기에 각자 자기 일을 가진 이들이었기에 농사에 온전히 집중할 수 있는 여건도 아니었다.

그러나 이런 실패나 시행착오조차 '랄랄라~' 즐거웠다. 어설프게 농사랍시고 시작했지만, 고맙게도 작물은 스스로의 힘으로 자라나 주었다. 놀라웠다. 옥상 텃밭은 이들 도시 생활자들에게 새로운 세계를 열어주는 계기가 되었다. 그렇게 자란 작물로 옥상 삼겹살 파티도 열었다.

함께 먹으면서 수다를 떠는 과정에서 즐거움을 맛볼 수 있었다. 그것이 좋았다. 아무런 지식도 없이 무작정 심은 감자가 주렁주렁 열렸고, 이게 과연 자라기는 할까 싶어서 몰래 심었던 수박도 열매를 맺었다. 농사와 함께 재미도 무럭무럭 자랐다. '심고, 뽑고, 맛보고, 즐기고'의 재미. 생업이 아니어서 그랬을까, 잘 안 되는 것도 재밌었다. 잘될 때도 잘 안 될 때도 서로 깔깔대며 이야기를 나눴다. 농사 지식이 없는 탓에 큰정성 없이도 무럭무럭 잘 커가는 배추를 보며 더 자라겠거니 내버려뒀다가 한 포기도 건지지 못하기도 했지만, 그런 시행착오 하나하나가 이들에겐 두고두고 풍성한 이야깃거리가 되었다. 아기를 키우는 엄마 같다는 생각이 들었다. 더군다나 그것은 독립생활자들이 함께 모여 공동으로 생명을 키우는 일이었다. 그것은 또 다른 의미의 공동 육아였다.

물론 위기가 없었던 것은 아니다. 2011년, 말 그대로 '밭 없는 설움'을 느꼈다. 이웃랄랄라의 시작점이자 터전이었던 옥상 텃밭을 비워달라는 통보를 집 주인으로부터 받은 것이다. 온 사방을 돌아다니다 다른 옥상을 간신히 구했다. 하지만 규모가 작아졌다. 그나마 다행이랄까, 작으면 작은 대로 할 수 있는 것이 옥상 텃밭이었다. 할 수 있는 만큼 작물을 심었고, 고맙게도 배추, 쪽파, 시금치, 열무 등이 작은 옥상을 온통 푸른빛으로 바꿔나갔다. 가을에 그것들을 뽑아 김장 파티를 했고, 배추로 할 수 있는 모든 요리를 함께 만들었다. 모두들 맛에 감탄했다.

아, 이렇게 살 수도 있구나! 독립생활자들이 한데 모여 만들 수 있는 공동체의 즐거움이 이런 것임을 발견하는 순간이었다.

이웃랄랄라는 2012년 땅으로 내려왔다. 진짜 텃밭을 분양받은 것이다. 이웃랄랄라의 주민 한 명이 서울시에서 제공하는 '시민 텃밭' 한때기를 '물어왔다.' 덕분에 옥상이 아닌 한강의 노들섬에서 텃밭 경작을 하게 되었다. 이때부터 이들의 프로젝트는 더욱 흥미로워졌다.

이웃랄랄라 주민들은 텃밭에서 할 수 있는 많은 것을 상상하기 시작했다. 첫 시도는 '밭두렁 라디오.' 대단한 것도 아니었다. 노들텃밭 밭두렁에 평상 두 개를 갖다 붙인 소박한 무대를 차렸고, 밭두렁 라디오 현수막 달 곳이 마땅치 않아 리어카를 세워서 현수막을 매달았다. 무대에서는 노래 자랑을 하고 시 낭송 시간도 가졌다. 이런저런 상담 내용으로 상담 코너도 진행하고, 텃밭에 모인 다른 사람들과 함께 퀴즈를 풀기도 했다. 이정인 씨는 그 굉장한 경험을 이렇게 말한다.

"세계 최초가 아닐까 싶어요. 텃밭에서 라디오를 생방송으로 진행한다는 얘길 들어보셨어요? 굉장한 경험이었어요. 시작 전부터 우리가 제대로 할 수 있을까 우려했는데, 재미도 있었고 호응도 좋았죠. 그런데 그것보다 더 큰 결실은 우리가 함께하면 뭐든 잘할 수 있다는 자신감이 생긴 거예요.”

밭두렁 라디오는 이듬해에도 진행되었다.

1인 가구도 함께하니 두려운 것이 없다!

뭐든 할 수 있겠다는 자신감은 또 다른 프로젝트로 이어진다. 탄력을 받은 것이다. 다양한 분야에서 서로 다른 일을 하는 이웃랄랄라의 주민들이 서로 힘을 모아 자신들의 활동상을 엮은 책《랄랄라 뭐라도 나겠지》를 엮어내기로 하고, 책을 만드는 과정에 각자의 재능을 보태기로 한 것이다. 100권짜리 한정판 수공예 책자였지만, 그 결과물만큼이나 과정 또한 더 이상 즐거울 수 없었다. 우리가 마음을 모으고 재능을 보태 이런 책자를 만들다니! 스스로 해냈다는 생각에 뭉클했다. 주변의 반응도 좋았다. 여기저기서 책을 보고 싶다는 요청이 쇄도했다. 이에 제작비 부담이 적은 전자책 형태로 만들어서 원하면 누구나 퍼가게 했다.

1인 가구가 또 다른 1인 가구를 만나면서 그동안 각자 고립되어 살 때는 맛보지 못하던, 함께하는 즐거움들을 점점 더 많이 발견하기 시작했다. 2013년,《랄랄라 뭐라도 나겠지》출판 기념회 겸 운동회라는 이름으로 '노들 랄랄라' 행사를 열었다. 각자 한 명씩이었지만 이른바 가족 행사였다. 룰루랄라~ 소리가 절로 나왔다.

그들은 '심고, 뽑고, 맛보고, 즐기고'에서 그치지 않고, 한 걸음 더 나아가기로 의기투합했다. 1인 가구의 먹을거리를 개선해 보자! 그래서 자매판으로 탄생한 것이 요리와 관련한 재밌는 프로젝트를 하는 '부엌 랄랄라'였다. 이웃랄랄라와 예비 이웃랄랄라를 위해 "건강하게 잘 해먹자"를 모토로 한 요리 프로젝트이자, 1인 가구 밥상 개조 프로젝트였다. 사료가 아닌 음식과 요리를 먹자는 발상이 그 시작이었다. '햇반'과 즉석 음식에서 멀어지고 싶었다. 이에 누구나 쉽게 만들 수 있는 국수 요리를 선보이고 나눠 먹는 '누들 랄랄라'를 열기도 했다.

이웃랄랄라에게 농사는 어찌 보면 함께 모이기 위한 수단일 수도 있다. 꼭이 농사가 아니더라도 독립생활자들이 만나서 공동으로 풀어갈 수 있는 일은 많다. 그러나 먹을거리는 독립생활자들에게 가장 취약한 부분이고, 가장 힘들어하는 부분이기에 뭉칠 수 있는 카테고리로 텃밭 농사를 선택한 것이다. 그렇다 해도 역시 이들이 뭉치는 더 큰 이유는 잘 놀기 위해서다.

그러면 이웃랄랄라의 주민들은 어떤 사람들일까? 이정인 씨는 이렇게 소개한다.

"마음에 무엇이든 해보고 싶은 작은 불꽃 하나를 갖고 있는 평범한 사람들이 모였어요. 처음에는 서로에게 잘 다가서려 하지 않았어요. 그게 나름의 예의라고 생각했거든요. 독립생활자의 특징이 있는 것 같아요. 만난 지 3년 만에 본명과 직장을 알았어요. 부담을 주고 싶지 않은 생각에 서로 묻지 않았던 거죠. 좌충우돌하는 과정에서 많이 친해졌고,

서로 인간적인 관심이 있음을 알게 되었어요. 처음엔 이야기하지 않던 자신의 고민과 계획을 터놓고 나누기 시작했죠."

하나의 마을이 탄생하기까지는 오랜 시간이 걸린다. 이웃랄랄라에게는 3년이라는 세월이 필요했다. 이들이라면 나를 드러내도 될 것 같다 여겨지는, 그런 이웃이 되기까지 필요한 시간이었다.

누군가는 이웃랄랄라가 어떻게 마을공동체냐고 물을 수도 있겠다. 그러나 이웃랄랄라는 분명 마을공동체다. 스스로 하나의 마을이 되었다. 그들은 3년 이상의 세월을 함께하며 쌓아온 긴밀한 관계를 바탕으로 한 마을의 주민이 되었다. 그들은 마을공동체이면서 동시에 밥상 공동체이기도 하다. 공동으로 가꾼 텃밭의 생산물을 함께 나누어 갖기도 하고 이를 함께 직접 요리해서 먹기도 하기 때문이다. 한 공간에 거주하지는 않지만 함께 농사를 짓고 먹을거리를 나눠 먹으며 삶의 즐거움을 공유하고 있다. 그렇게 독립생활자의 건조하고 팍팍하던 삶이 초록빛으로 바뀌었다. 이정인 씨의 소망은 단순하다.

"자기 생활로 바쁘면 텃밭 일이나 행사에 참여를 못하기도 해요. 이웃랄랄라에서는 그런 개인적인 사정들을 존중해 주지요. 규칙 같은 것에 얽매여 마지못해 보임에 참석하기니 자기 시간을 희생하면서 뭘 하거나 하기보다는 자유스럽게 관계를 유지하고 서로간의 적절한 거리를 인정할 때 마을 일에 참여하는 것도 더 신나고 정성도 더 쏟게 되더라고요. 우리는 느슨하면서도 촘촘히 연결돼 있는 새로운 개념의 마을공동체라고 할 수 있을 것 같아요. 전통적 개념의 마을이 아닌 유동적인 거주 개념의 마을이죠. 그래서 우리는 이웃랄랄라가 '움직이는 마을'이라고 생각해요. 사람들이 한 공간에 모여서 얘기하고 교감하고 꾸준히 활동한다면 그것도 마을이 아닐까요? 독립생활자들이 만나서 5년 동안 꾸준히 마을을 일궈온 셈이죠.(웃음)"

그들은 이미 가족이자 공동체다. 그러면서도 누구도 강요할 수 없는 삶의 방식을 스스로 결정하고 선택하고 실천하고 있는 독립생활자들이다. 1인 가구들로 이루어진 더 큰 가족, 각자 독립되어 있으면서도 동시에 긴밀히 연결되어 있는 마을공동체. 비혈연 독립생활자들이 한 마을의 주민이 되어 소통하고 교감하고 즐거움을 나누기 시작하자 그동안 사회가 지켜주지 않던 1인 가구의 삶의 품격을 되찾을 수 있다는 것을 이웃랄랄라는 잘 보여주고 있다. 1인 가구의 품격을 지키기 위해 필요한 것은 원룸도 햇반도 아니다. 가장 필요한 것은 이웃사촌이다.

이정인 씨는 이웃랄랄라의 존재가 어떤 식으로든 마을 주민들의 일상을 의미 있고 재미있게 만드는 중심이 되면 좋겠다고 말한다. 이웃랄랄라 마을 주민들은 좋은 음식이 생기면 나눠먹고, 그것을 행복이라고 생각한다. 그러면서 '느낌의 공동체'가 만들어진다. 그런 점에서 밥은 네트워크이자, 공동체의 다른 말이기도 하다. 어울려 먹기를 통해 좀 더 나은 삶을 실천하는 밥상 공동체, 이웃랄랄라는 그런 마을이다.

우리 동네에 놀러 와요

그런동'5

  내가 대학을 졸업하고 얼마 지나지 않았을 때다. 한창 젊었던 나는 무전여행을 떠났다. 뭐랄까…… 내 자신을 시험한다 할까? 나는 내 자신이라는 것이 친구와 부모와 선생 등의 기대에 부응하기 위해 발버둥 쳐온 자국, 남에게 보이기 위해 누덕누덕 기워온 천 조각 같은 것이 아닌가 하는 생각이 들었다. '이런 나'가 아니라 원래의 '진정한 나'를 찾아보자 하여 배낭 하나를 매고 산으로 들로 산사山寺로 마을로 걸었다. 때로는 차를 타고 때로는 배를 타며 정처 없이.

  강해져야 한다, 탄탄해져야 한다, 나의 훌륭한 친구들에 비해 나는 너무 게을렀다, 나를 찾아야 한다, 죽음과도 싸워 이겨야 한다…… 그런 생각들을 했던 것 같다. 그러면서 마을의 집에서 일을 좀 해주고 잠을 자기도 하며 흘러 다녔다. 그러다가 시골의 청년들과 막걸리를 한 잔씩

나누기도 했다.

그런데 놀라운 것은 내가 만난 시골 청년들이 다들 똑같이 이렇게 말하는 것이었다. "나중에 우리 동네 놀러 와요. 나를 찾아요. 그러면 배도 따 주고 은어도 잡아줄게요." 청년들은 하나같이 자기 동네에 놀러 오라는 말을 하는데, 그 눈빛에는 자기 마을이 세상에서 가장 아름다운 곳이라는 자부심으로 가득했다. 이토록 자기 고향을 사랑하고 자랑스럽게 생각하는구나! 내가 내 고향을 생각하듯이……

그때는 지금과는 도저히 비교할 수 없을 정도로 모두들 가난했다. 그러나 맑은 공기와 맑은 물, 아름다운 자연, 그리고 거기서 나는 산물과 넉넉한 인심은 풍요로웠다. 사람도 귀했다. 그래서 그토록 자기 동네에 놀러 오라는 것이었다.

그때와는 비교할 수 없을 만큼 물질적으로 풍요롭고 편리한 지금, 나는 우리 동네에 그들처럼 놀러 오라고 말할 수 있는가? 그런 자랑스러운 마을에 우리는 살고 있는가? 지금 이 복잡한 시대에 어떻게 해야 우리 마을에 놀러 오라고 말할 수 있을까?

나는 마을 이야기를 하면 늘 그 청년들이 생각난다.

/3/

우리는
마을에서,
모인다

사람을 모으고 사회적 관계를 회복하는 힘

'따로 또 같이 살기'의 신공이 궁금하다면

은실이네

많은 한국인에게 집은 애증의 대상이다. 개발과 성장의 시대를 거치며 '내 집 마련'이라는 말은 거부할 수 없는 명령 같은 것이 되었다. 집의 소유를 향한 욕망은 다른 모든 것을 압도할 정도다. 그런 과정에서 집은 '사는living 곳'이 아닌 '사는buying 것'이 되어버렸다. 재테크라는 이름으로 포장된 재산 증식 수단으로 전락한 것이다. 당연히 집을 둘러싼 사회적 비용은 커져만 갔다. 급기야 가계 부채 1천조 원 시대가 되었고, 서민들에게 빚은 당연한 게 되었다. 이제 서울에서 집은 평생을 뼈 빠지게 일해도 가질 수 없는 것이 되었다. 끊임없이 금융 비용을 물어야 하는 '하우스 푸어'가 되거나 부모 등으로부터 집이나 돈을 물려받지 않는다면 말이다.

이런 상황에서 집에 대한 새로운 관점이 나타났다. 이른바 셰어하우스share house다. 집을 소유하는 것에 대한 반발과 포기도 일부 있겠지만,

다른 삶과 생활의 양상을 꿈꾸는 사람들로부터 비롯된 새로운 형태의 집이다. 여럿이 한 집에 산다. 침실과 같은 사적인 공간은 따로 쓰지만, 거실과 주방, 화장실 등은 공유한다. 즉 따로 또 같이, 혹은 같이 또 따로 산다. 사적인 공간과 공유 공간이 공존하는 주거 형태이다.

그러나 셰어하우스는 여기에 머물지 않는다. 셰어하우스는 '공통 주택'이라는 말로 번역되기도 하지만, 이 번역어로는 다 담을 수 없는 좀 더 다양한 뜻을 품는다. 집을 소유한다는 것에 대한 기존의 관점이 여기에는 없다. 소유하지 않아도 함께 사용하고 머물 수 있는 집이 셰어하우스다. 내 집이 아니라고 말할 수도 없다. 그렇다고 나만 사용하는 집도 아니다. 자유와 독립이 있되, 친밀감을 품은 사람들이 함께 모여 산다. 덕분에 독립생활자들의 보금자리로 점점 주목을 받고 있다. 기존의 가구 유형 분류를 중심으로 하는 각종 주택 정책 하에서 머물 곳 없던 독립생활자들이 서로 뭉칠 수 있는 공간이다. 각자 가지고 있는 돈을 모아서 집을 구입하거나 임대하기도 하며, 셰어하우스를 목표로 부지를 사서 집을 짓는 경우도 있다.

셰어하우스, 은실이네

퍼머컬쳐permaculture * 디자이너 '소란'(닉네임) 씨가 사는 곳도 셰어하우스다. 서울시 은평구에 자리한 이 집은 '은실이네'라고 불린다. '따로 또 같이 살기'를 실천하는, 삶과 생활의 많은 것을 공유하면서 그것을 통해 비슷한 가치관으로 엮인 공동체다. 그의 설명을 들어보자.

"은실이네는 다섯 명의 식구가 있고요, 이름이 그렇게 붙여진 것은 고양이 이름이 은실이여서 그래요. 사는 사람은 모두 여성들인데, 서로가 서로를 구조했다고 생각하고 있어요. 다들 비슷한 가치관을 공유하고 있어요. 돈을 많이 벌지 않고, 벌고 싶은 생각도 없어요. 우린 우리를 '자가 고용'했다고 말해요. 조금 벌고 잘 놀아보자는 거죠."

은실이네의 독립생활자 다섯 명은 은평구의 2층짜리 단독 주택에 산다. 여성주의 동아리에서 만난 그들은 2011년 이곳에 함께 둥지를 틀었다. 시민 단체 활동가나 프리랜서 등으로 일하면서 적은 급여로 살아갈 수 있는 방법을 모색하는 과정에서 셰어하우스를 생각해 냈다. 자기만의 집이 아니라도 상관없었다. 그보다는 자기만의 삶을 지키는 쪽을 택했다. '자기만의 집'이 아니라 '자기만의 방'을 선택한 것이다. 그렇게 하자 여러 명이 한 공간에서 따로 또 같이 사는 것이 가능한 일이 되었다. 다섯 사람에게 다섯 개의 자기만의 공간이자 침실이 할당되었다. 공유 공간인 화장실은 세 개나 있었고, 식당은 혼자 끼니를 때우는 곳이 아니라 함께 밥을 먹는 공간이 되었다. 무엇보다 마당이 있다는 것이 좋았다. 거기에 텃밭까지 갖춘 '우리'의 집이 되었다.

＊ 1970년대 호주인 데이비드 홈그린David Holmgren과 빌 몰리슨Bill Mollison이 '영구적인'이라는 뜻의 단어 'PERManent'과 '농업'이라는 뜻의 단어 'agriCULTURE'를 조합하여 만든 단어이다. '지속 가능한 식량 생산(농업)' 전략을 찾는다는 본래의 뜻에서 좀 더 다양한 의미로 진화하면서 일종의 운동의 성격도 띠게 되었다. 지구의 한정된 자원으로 조화롭게 살아갈 수 있는 모든 국면의 생활 양식을 아우르는 운동이면서 '자연의 양식(패턴)을 본받아 인류의 서식지를 지속 가능하게 창조하는 운동'으로도 표현한다.

집은 겉에서 보기에는 부잣집같이 번듯하다. 그렇다면 이것이 궁금할 만하다. 어떻게 이 집을 마련했으며, 생활비는 얼마나 들까? 다섯 명이 함께 살 집을 마련하기 위해 각자 출자를 하는 과정에서 빚을 졌다. 각자 형편에 맞춰 이자를 내고 그 돈으로 빚을 갚으면서 산다. 그래도 보통 월세보다 적은 비용이 든다. 모든 셰어하우스가 그런 것은 아니지만, 그렇게 적은 비용이 드는 것은 은실이네만의 장점이 발휘되기 때문이다. 혼자 살면 버리게 되는 남은 음식이나 식재료를 최소화하고 같이 살면서 필요한 생활용품 등 많은 것을 공유함으로써 생활비를 최대한 줄일 수 있다. 한 사람당 매달 임대료와 생활비로 30만 원가량을 내면 충분하다는 것이 소란 씨의 설명이다.

그래서 살림살이도 공동으로 기록하고 관리한다. 각자에게 걷은 공동 생활비가 있다. 이 돈으로 동네 생활협동조합에서 장을 보거나 그때그때 필요한 것을 산다. 매달 상조회비로 1만 원씩 걷어 함께 사는 사람들의 경조사에 대비하기도 한다. 각자의 재능을 활용함으로써 지출을 줄이는 것도 셰어하우스의 장점이다. 가령 퍼머컬처 디자이너인 소란 씨는 자신의 직업적 특성을 활용해 텃밭에서 기른 작물로 음식을 차려내는 역할을 한다. 숫자에 밝은 친구는 총무를 맡아 은실이네의 전반적인 살림을 꾸린다. 공동의 관심사인 인문학도 함께 책을 읽거나 특정 주제로 토론을 하면서 그 갈증을 채워간다.

이런 과정에서 은실이네만의 철학도 생겼다. 조금 벌더라도 일을 많이 하지는 말자! 이 사회가 은연중 요구하는 소유(특히 집!)에 대한 강박을 놓자 삶이 훨씬 풍족해졌다. 무언가를 소유하기 위해 애를 쓸 필요도 없다. 나와 우리의 삶을 좀 더 되돌아보게 되었다.

사실 셰어하우스는 심각한 주거 문제의 대안으로 일본에서는 어느 정도 보편화되어 있다. 캐나다나 네덜란드, 벨기에 등 유럽 국가의 도시에서도 마찬가지다. 자기만의 공간을 지키면서 동시에 어울려 사는, 일종의 공동체 생활이 독립생활자들의 구미에 맞으면서 이들을 중심으로 셰어하우스가 확산된 것이다. 독립적으로 살면서도 고립되지 않을 수 있는 주거 형태가 셰어하우스다. 일본에서는 아파트나 주택에 여럿이 모여 사는 형태가 주를 이루나, 우리나라는 낡은 집을 조금 손보거나 셰어하우스를 위해 아예 세련된 공간을 지어 함께 사용하는 경우가 많다. 적은 돈으로 주거 환경의 질을 높이는 쪽이다.

물론 적은 돈으로 집을 마련하다 보니 문제가 없지는 않다. 은실이네도 지은 지 오래된 집이라 비가 많이 오면 새기도 하고, 겨울에는 외풍이 세서 춥다. 그러나 이때도 셰어하우스의 장점이 발휘된다. 여럿이 모여 머리를 맞대면 적절한 대책이 찾아지는 법! '적정 기술'*을 활용해 집을 고침으로써 큰 비용을 들이지 않고도 생활의 불편함을 넘어설 수 있게 되었다. 함께 살기에 나의 불편함, 우리의 불편함을 적극적으로 이야기하고 이것을 풀기 위해 함께 궁리할 수 있는 것이다.

※ 적정 기술appropriate technology이란 정치적·문화적·환경적 조건 능을 고려한, 해당 지역에 최적화된 기술을 뜻한다. 굳이 첨단 기술이 필요하지 않으며 해당 지역이나 장소, 상황에 맞는 간단한 기술이다.

새로운 가족의 탄생

이런 셰어하우스는 새로운 가족과 마을공동체를 만드는 역할도 한다. 은실이네도 그렇다.

소란 씨의 과거는 지금과 같지 않았다. 죽어라 일만 하는 '워커홀릭'이었다. 어느 순간, 이렇게 살다간 죽겠다 싶었다. 전 재산을 뺐다. 그러고는 외국으로 나갔다. 그곳에서 온전히 나만을 위해 살았다. 그러면서 공부도 하고 틈틈이 아르바이트도 하면서 자신을 추슬렀다. 그렇게 3년을 보낸 뒤 한국에 들어왔다. 문제는 수중에 더 이상 돈도 없고, 돈이 별로 없으니 살 집을 마련할 수도 없다는 것이었다. 그때 은실이네에서 살고 있던 친구들이 같이 살자며 불렀다. 그는 그것을 '긴급 구조'했다고 표현한다. 서로가 서로를 구조하는 관계, 새로운 가족의 탄생이었다.

은실이네는 냉장고를 통해 마을의 사람들과 소통하기도 한다. 마을공동체와 관계를 맺고, 스스로 마을공동체의 부분으로 역할을 한다. 은실이네 근처에 살던 사람이 이사를 가면서 냉장고를 건넨 것이 계기가 되었다. 은실이네는 이 냉장고를 자신들만의 것으로 쓰지 않고 '마을 장독대'로 활용하기로 했다. 덕분에 집에 김치 따위를 놓을 곳이 마땅치 않은 사람들이 은실이네 냉장고를 요긴하게 활용하고 있다. 김치를 가지러 오는 주민이 하루에 한 사람 정도씩은 꼭 있단다.

그런데 여기에서 미처 생각지도 못한 일들이 벌어졌다. 김치를 가지러 올 때 빈손으로 오지 않는다는 것이다. 은실이네에 식재료나 먹을 것 등 뭐라도 하나씩 주고 갔다. 또 김치를 가지러 온 사람들은 이것저

것 이야기도 풀어놓게 마련이다. 마을 소식이 은실이네로 모였다. 자연스럽게 은실이네는 마을의 공유 공간, 마실방이 되었고, 냉장고는 '커뮤니티 냉장고'(공유 냉장고)로 기능을 하게 되었다.

은실이네는 텃밭에서 나온 작물을 나누는 것으로 보답했다. 이들은 텃밭 농사에서 그치지 않고 뒷산에서 도토리를 주워 쿠키나 빵을 만들기도 하고 풀을 뜯어다 나물을 무쳐먹기도 한다. 은실이네 텃밭에 각종 토종 종자를 심고 키우려고 노력하기도 하고, 직접 침을 놓고 뜸을 뜨면서 자가 치유도 한다. 이 모든 것을 같이하면서 건강한 식탁도 나누다 보니 아플 일이 없다고 소란 씨는 자랑한다.

은실이네가 마을에서 스스로 자리매김한 콘셉트가 있다. 소란 씨의 표현을 빌자면, '동네 그지'(동네 거지)다. 비록 가진 것은 없지만, 마을의 많은 사람들한테 보살핌을 받고 그들을 통해 자신들이 할 수 있는 일도 찾는, 마을에 젖어든 동네 그지, 맞다. 은실이네가 생각하기에, 돈이 넉넉지 않다 보니 사람들에게 민폐를 끼치기도 하지만 거지도 마을의 구성원이다. 누구도 배제하거나 배척하지 않는 것이 중요하다. 서로 보살피고 돌보는 것이 일상화된 마을이 되었으면 하는 바람에서 은실이네는 '동네 그지'라는 콘셉트로 자신들을 표현했다.

"우리 '동네 그지'를 도와주는 사람들은 곧 마을 사람들, 친구들이에요. 거지라도 마을에서라면 행복하게 살 수 있다고 생각해요. 꼭 남과 비교해야 할 이유가 없잖아요. 그게 바람직한 것도 아니고."

비록 '동네 그지'로서 은실이네가 동네 사람들에게 많은 도움을 받지만, 은실이네 또한 자신들이 먹을 분량을 제외한 나머지 작물은 마을 사람들과 나눈다. 소변을 받아 발효시킨 퇴비로 키운 텃밭의 작물이나 그것으로 만든 음식을 마을 사람들과 나눠 먹기도 한다. 은실이네와 마을 사람들이 서로 에너지를 주고받는 모습이 옛 마을 풍경을 연상시킨다. 마을에는 그래서 은실이네를 중심으로 그린 먹을거리 지도가 있다. 마을 안에서 내가 먹는 것들이 어디서 오고 어디로 가는지 살펴볼 수 있는 지도다. 그것을 통해 마을의 관계도가 자연스럽게 그려지기도 한다. 서로가 서로를 구조해 주고 먹여주는 관계가 마을 안에 형성되었음을 보여주는 지도인 셈이다. 그리고 생명의 선순환이 이뤄지는 공간의 중심에 은실이네가 있다.

그 덕분에 은실이네 독립생활자들의 혈연 가족들도 걱정을 던다. "비혼*의 30대 여성 다섯이 모여 사니 가족들이 걱정을 많이 했어요. 그런데 우리가 사는 걸 보고는 더 이상 걱정하지 않으세요. 가족들이 먹는 것보다 훨씬 더 잘 차려먹거든요. 또 우리는 위기에 처한 사람이 생기면 긴급 회의를 해서 그 사람을 받아주기도 해요. 구조 프로그램을 상시적으로 운영하는 거죠. 누군가는 혈연도 아닌데 아프면 누가 챙겨주느냐고 묻지만 아프면 옆방 친구가 돌봐주고 병원에도 함께 가줘요. 행동반경을 같이하는 사람이 가족이라고 생각해요."

---

* '미혼未婚'이 '혼인은 원래 해야 하는 것이나 아직 하지 않은 것'의 의미가 크기 때문에 자발적인 개인의 선택에 의해 결혼을 하지 않는다는 뜻의 '비혼非婚'이라는 단어를 쓰는 사람이 늘고 있다. 결혼을 '필수가 아닌 선택'으로 보는 시각에서 비롯됐다.

자기만의 방이 필요한 이유

은실이네는 많은 것을 공유하지만 절대 공유하지 않는 것이 있다. '자기만의 방'이다. 은실이네의 유일한 원칙이 "방 하나에 한 사람씩"이다. 이 원칙에 대해 들으니 버지니아 울프가 했던 말이 생각이 난다. 울프는 당당해지고 싶은 여성이라면 생활의 자립을 꾀할 수 있는 경제적인 소득과 어떤 방해도 받지 않고 사색할 수 있는 자기만의 방이 필요하다고 말했다. 은실이네의 방이 바로 울프가 이야기한 그 '자기만의 방'인 셈이다.

이렇게 '따로 또 같이' 살면서 많은 것들을 공유하지만 그렇다고 늘 사이가 좋을 수만은 없다.

"가끔 싸우기도 해요. 일 분배를 놓고 하고 싶은 일이 다를 때가 있거든요. 특히 화장실 청소나 음식물 쓰레기 버리는 일 같은 것은 다들 잘 안 하려고 하죠. 하지만 그렇게 싸우면서 여유롭고 우아하게 배분하는 방법을 배우기도 해요. 그 핵심은 보살핌인 것 같아요. 서로를 보살피면서 공간을 공유하는 게 마냥 쉽지는 않지만, 힘들고 지칠 때 가까이 있는 친구가 보살펴주는 느낌이 참 좋아요. 마을의 여러 일을 함께 꾸미고 집에서 워크숍이나 행사도 하면서 섞여 사는 재미도 있고요."

그렇다면 의문이 하나 든다. 은실이네는 왜 남자를 받아들이지 않았을까?

"처음 이 집의 콘셉트를 잡을 때부터 남자는 들이지 않겠다고 했어요. 솔직히 남자는 문제가 많잖아요.(웃음) 그래도 남자도 함께하는 공동체 활동도 하고 있어요. '명랑시대'라고. 도시와 시골 청년들이 만나서 시골에서 공동체로 살기 위해 준비하는 모임인데, 공동의 펀드를 모금해 땅을 사려고 하고 있어요. 모임과 활동이 이루어지는 곳이 서울이 아니라서 그런지 남자들이 많이 와요. 그런데 남자들은 공동체로 사는 것에 어떤 두려움이 있는 것 같아요. 막상 공동체에 참여하기 시작하면 남자들도 잘 적응하는 것 같긴 해요. 우리 마을에도 남자들의 셰어하우스가 생겼어요. 여성도 받겠다고 했는데, 여성이 가지는 않더라고요."

소란 씨의 이야기를 듣자니, 그리스의 철학자 디오게네스가 떠올랐다. 알렉산더 대왕이 소원을 말하라고 하자, "좀 비켜줘. 햇볕 좀 쬐게"라고 말했다는 그 철학자 말이다. 디오게네스가 은실이네를 본다면 감탄하지 않을까? 디오게네스는 이렇게 말했었다. "결혼이란 쓸데없는 것이며, 따라서 여자들도 자기들의 공동체를 가져야 한다."

1인 가구의 수는 갈수록 늘고 있지만 그에 비해 주거 공간은 턱없이 부족한 상황이다. 특히 경제적으로 넉넉하지 않은 사람의 경우에는 거주 공간을 선택할 수 있는 범위가 넓지 않다. 비싼 주거 비용을 감당하려면 삶의 다른 면이 위축되고 힘들어진다. 독립을 원하지만 고립의 골만 깊어진다. 먹을거리는 부실해지고 몸과 마음은 피폐해진다.

셰어하우스는 그런 면에서 충분히 매력적이다. 무엇보다 고립이 아닌 독립을 가능하게 한다는 점에서 그렇다. 안전이나 정서적인 문제에서도 혼자 사는 것보다 훨씬 안정적이다. 셰어하우스를 통해 마을에 젖어든 은실이네가 그것을 아주 잘 보여준다. 주거 문제는 복지나 노동

등 다양한 분야의 사회 문제와 연결되어 있다. 그런 점에서 셰어하우스가 은실이네처럼 마을이나 지역과 관계를 맺어나간다면 단순한 주거 문제 해결 이상으로 더 많은 역할을 할 수 있을 것이다.

물론 셰어하우스의 형태가 은실이네와 같은 경우만 있는 것은 아니다. 셰어하우스를 내세우면서 입주자를 모집하는 경우도 있고, 빈집을 리모델링하여 셰어하우스로 꾸민 경우도 있다. 독립생활자들이 협동조합 주택을 만들기도 한다. 셰어하우스가 반드시 마을과 관계를 맺는 것도 아니다. 그럼에도 셰어하우스는 내 집을 소유해야 한다는 우리의 획일적인 인식에 금이 가게 만든다. 내 집을 마련한다는 명목으로 엄청난 빚을 지고서 원금과 이자 부담 때문에 빈곤에 허덕여야 하는 '하우스 푸어'가 이미 사회 문제가 된 이때, 은실이네는 이렇게 질문하게 만든다. "집을 소유해야만 행복해질 수 있을까?"

은실이네는 집을 소유하지 않아도, 물질적으로 풍족하지 않아도 따로 또 같이 사는 재미와 행복을 품고 있다.

공동 주거와 마을공동체를 고민하는 방법

동네공간

성북동의 커뮤니티 플랫폼 '동네공간'(구 스페이스 티티카카)의 운영자 중 한 명인 김기민 씨는 미국 라스베이거스의 구舊도심에서 펼쳐지고 있는 '다운타운 프로젝트Downtown Project'* 이야기를 꺼냈다. 미국 최대 온라인 신발 쇼핑몰 '자포스Zappos'의 CEO인 토니 셰이Tony Hsieh가 사재를 들여 진행하는 도시 혁신 프로젝트다.

김기민 씨는 공동체를 고민하는 사람들과 이 이야기를 나누면서 부

---

* 2009년 자포스를 아마존에 12억 달러에 매각한 토니 셰이는 사재 3억 5천만 달러(약 4천억 원)를 들여 인근 카지노 거리의 낙후된 마을 하나를 통째로 사들였다. 유명 건축가를 고용해 잘 계획된 마을을 꾸미는 대신 기존의 작은 집과 빈 사무실, 창고 등을 개조해 스타트업 기업을 입주시키고 마을 주민들이 스스로 카페와 가게 등을 꾸미고 공동체를 만들어가도록 지원하는 프로젝트를 시작했다. 이 프로젝트는 "어떻게 하면 사람들이 와서 커뮤니티를 만들고 살 것인가?" 하는 '사람의 문제'에 집중하고 있다. 서로 생각과 배경이 다른 사람들을 불러 모아 혁신을 이루는 것이 이 프로젝트의 목표다. 프로젝트의 첫 생각은 간단했다. 밀집된 장소에서 협업을 하고 각자가 지닌 것을 서로 나눌 수 있다면 혁신은 저절로 이루어질 것이다! 이 프로젝트의 가장 중요한 포인트는 사람들을 더 자주 마주치게 하는 것에 있었다.

럽다는 생각이 많이 들었단다. 독지가의 의지에서 비롯한 프로젝트이지만, "같은 생활 공간에서 마주치고 부대끼고 나누고 협업하는 가운데 혁신이 나올 수 있다"는 취지가 마음에 들었다. 이 프로젝트의 모토인 '마주침collision, 협업collaboration, 공유sharing'는 바로 마을공동체의 그것과 다르지 않았다. 이런 이야기를 들으면 당연히 '한국에는 누구 이런 사람 없나?' 하는 생각이 들 수밖에 없다.

　다운타운 프로젝트에서도 강조하는 것이지만, 마을에서는 곧잘 '우연한 만남'이 이루어진다. 그러나 현대의 많은 대도시들은 이런 기회를 차단하고 있다. 자신에게만 골몰하도록 하고, 타인에게 관심 갖지 않고 자기 혼자만 살아남는 데 관심을 갖도록 유도한다. 그러니 우리는 익명성에 묻혀 서로에게 인사조차 건네지 않는다. 말 한마디 꺼내지 않는다. 우연한 만남? 그런 것은 없다. 그럼에도 불구하고, 아니 바로 그런 이유로 도시에서 골목은 중요한 장소가 될 수 있다. 도시에서 그나마 마주치는 사람과 얼굴을 익히고 짧게나마 인사를 나누고 대화를 나누기도 하는 거의 유일한 공간이기 때문이다.

　대도시 서울에서도 성북동은 그런 골목이 구불구불 길을 이룬 곳이다. 골목을 따라 집들이 다닥다닥 붙어 있어 골목은 집의 연장이자 다른 집들과 공유하는 공간이 된다. 골목에서 우연히 마주친 사람들은 서로에게 인사를 하고 말을 붙인다. 자연스레 골목 안의 일을 의논하다가 일상사를 나누고 마음을 나누기도 한다. 그런 점에서 골목은 도시에서 마을공동체가 형성될 수 있는 아주 소중한 공간이다. 마을과 지역의 조건에 맞게 사람들 사이에 더 많은 교류의 기회나 문화를 골목 안에서 피워낼 수만 있다면 말이다.

그런 의미에서 성북동 선잠단지길의 골목에 자리하면서 그곳의 골목 문화를 피워내고 있는 '동네공간'은 성북동 마을공동체의 중요한 거점 공간으로 역할을 하고 있다. 한 주에 두 번 정도는 마을 사람들과 함께 밥을 먹거나 마을공동체 활동을 위한 모임을 하고, 한 달이면 8~10회의 모임을 갖는다.

동네공간이 자리한 선잠단지는, 1471년 뽕나무가 잘 자라 좋은 실을 얻게 해달라는 기원을 드리고자 선잠단을 지은 데서 유래한다. 현재 주소는 성북로 16길로, 20~30년 전의 도시 주택가 풍경과 정취를 간직하고 있으며 주민들도 이곳에서 오래 거주한 사람들이 많다. 이곳은 북악스카이웨이 산책로를 찾는 사람들이 늘면서 유동 인구가 많아져서인지, 최근 독특한 콘셉트의 카페나 공방, 갤러리 등이 들어서 과거와 현재가 공존하는 모습을 볼 수 있다. 이에 발맞춰 성북구는 선잠단지의 좌우로 역사와 문화 거리를 조성할 방침이며, 성북동을 '슬로 스트리트'로 추진하겠다는 의지를 표명한 바 있다. 지역 주민들도 재개발보다 지역 재생을 더 지지하고 있다.

동네공간에서는 '대안적 삶을 고민하는 지역 공동체 네트워크'가 작동한다. 성북동 마을공동체 모임인 '성북동천'과 주거 공동체 '따로 또 같이', 공동 부엌인 '성북동부엌'을 비롯해 북클럽, 공부 모임 등 다양한 만남이 이곳에서 이루어지는 것도 그 때문이다. 동네공간은 그렇게 다양한 마을 활동이 협업으로 이루어지는 '협업 공간'*으로도 작동한다. 그뿐 아니라 '동네공간'은 현재 김기민 씨 외에도 '성북동천'과 건축 디자인 회사인 '건축그룹tam'이 들어와 공간을 함께 쓰는 등 성북구 지역 사회에서 활동 공간이 필요한 주체들이 모여 있는 공유 공간으로 역할도 하고 있다.

'동네공간'은 원래 여행을 좋아하던 김기민 씨가 2011년에 연 여행 카페 '스페이스 티티카카'에서 시작되었다. 조용하고 한적하며 부대끼지 않는 곳을 찾다가 평소 호감이 있던 성북동에 터를 잡았다. 카페를 하면서 성북동을 더 깊이 들여다보고 주민들과 안면을 트면서 성북동이 더 좋아졌다.

오래도록 이곳에 뿌리를 내리고 살고 싶어 그 다음해 집까지 옮겼다. 거의 모든 일상이 직장과 집이 있는 성북동에서 이루어진다. 그는 카페를 운영하는 과정에서 자연스레 마을공동체와 접촉하게 되었다. 그러니까 동네공간이 지금 벌이고 있는 다양한 마을공동체 활동이 처음부터 의도한 것은 아니라는 말이다.

"내가 마을공동체에 적합한 인간인지는 아직 모르겠어요. 공동체보다는 개인이 중요하고, 조직보다 내 삶이 중요하다고 생각하는데, 어쩌다가 여기까지 왔는지……⁽웃음⁾ 그런데 우리 사회는 왜 이리 사는 게 힘

※ 흔히 '코워킹co-working 스페이스'라는 표현을 쓰며 '함께 모여서 같이 일하는 공간'이라는 뜻이다. 한 조직에 소속되지 않은 사람들이 공간을 공유하는 개념을 넘어 지식과 경험, 노하우는 물론 새로운 업무 형태를 공유하면서 커뮤니티를 형성한다.

들까요? 스펙 따지고, 해야 할 일도 너무 많고, 나도 힘들고, 너도 힘듭니다. 그래서 '모두가 힘든 세상, 무엇이 잘못됐나?' 하는 문제 의식을 가졌고, 어떻게 하면 이 문제를 해결할 수 있을까 생각하게 됐는데, 결국 혼자 힘으로는 아무것도 해결할 수 없다는 것을 깨달은 거죠. 다른 사람들과 함께 이런저런 활동을 하면서 움직이다 보면 비용이 발생하잖아요. 그렇다고 혼자서 그 모든 비용을 감당할 수 있는 것도 아니고요. 2년 전 부모로부터 독립해서 이곳에 살게 되면서 그런 것을 알게 되었고, 동네공간이라는 공간을 매개로 다양한 활동을 하면서 사람들을 만나고 그들과 관계를 맺으면서 살고 있어요."

성북동 사람들의 마을 이야기, 성북동천

성북동천. 성북동 마을 주민들이 내건 마을공동체의 이름이다. 여기에는 중의적인 뜻이 있다. 과거 성북동을 흐르던 개울 이름이 성북천이었다. 그래서 '성북동천'의 '천'자에는 개울(川)이라는 뜻이 들어 있다. 그러나 마을 주민들은 이 '천'자가 '하늘 천天'이기도 하다고 말한다. 하늘의 큰 뜻을 받들어 공동체를 제대로 해보자는 의미를 담은 것이다.

마을공동체 성북동천을 만든 계기가 된 것은 2013년 2월 문을 연 '성북동 마을학교'(마을 아카데미)였다. 희망제작소가 주최한 이 마을학교에서 만난 주민들과 지역 내 다양한 단체들이 아카데미가 끝나고서도 계속 모임을 갖자고 뭉치면서 탄생한 것이 성북동천이다. 김기민 씨도 이 성북동천에 참여하고 있는데, 그래서 동네공간에서 성북동천 모임이 열리기 시작했다.

말이 좋아 모임이지 각자 마을에서 살아가는 이야기를 나누는 것이 이 모임에서 하는 가장 큰 일이다. 그러나 그러다 보면 내가 사는 마을이 살기 좋은 마을이 되면 좋겠다는 이야기도 나오고, 어떻게 하면 재미있고 즐겁게 살 수 있을까 고민도 나누게 된다. 서로의 집을 방문하고 파티도 연다. 성북동천에 참여하고 싶은 성북동 주민이라면 누구나 이런 자리에 함께할 수 있다. 지금도 격주 월요일마다 만나서 하하호호 수다를 떨며 살아가는 이야기를 나누고 있다.

무언가 의도를 갖기보다는 그저 자연스럽게, 생이 그러하듯, 흘러가는 대로. 그래서 규칙을 만들거나 거창한 목적을 정하지도 않았다. 그렇게 흘러가다 보면 모임이 스스로 알아서 자신의 성격을 만들어갈 거라고 모두가 믿고 있다.

그러는 과정에서 누군가 이런 걸 하나 해보면 어떻겠냐고 툭 던지면, 그것에 뼈대가 갖춰지고 살이 붙기도 했다. 함께 무언가를 만드는 경험도 하나둘 쌓아가고 있는데, 첫 번째와 두 번째 결과물이 '서울 지붕 첫마을, 성북동 옛날 사진전'과 성북동 마을 잡지인 《성북동 사람들의 마을 이야기》로 나왔다. 마을 주민들이 각자 가지고 있던 옛 마을 모습이 담긴 사진들도 꺼내놓고, 성북동에서 살아온 이야기를 글로 풀어내기도 했다. 그렇게 모아보니 마을의 역사를 비롯한 다양한 이야기가 나왔다.

2014년 11월에 《성북동 사람들의 마을 이야기》 3호를 내놓고, 중장기적으로 이를 지속 가능한 계간지 형태로 내고 싶다는 생각도 하고 있다. 시와 시인을 만나는 토크 콘서트 '성북동, 시로 물들다'나 '성북동, 시인과 만나다'도 성북동과 시, 마을공동체에 관심 있는 사람들을 위해 만든 행사다.

격주로 정기 모임을 갖고 있지만, 마을에 모여 살고 있으니 사람들과 갑작스런 모임(번개 모임)을 할 수 있는 즐거움도 있다. 마을공동체가 주는 선물이다. 할 수 있을 때, 하고 싶을 때 가까이 있는 사람과 만나서 뭐라도 할 수 있는 편안한 즐거움……

성북동천은 한 단계 나아가 '마을 투어' 코스도 개발해 다른 지역에서 찾아오는 사람들과 함께 성북동을 누비고 있다. 성북동 높은 언덕바지 마을까지 어떻게 외부 사람들이 찾아오게 할지 머리를 맞대고 고민한 결과, 마을 사람들이 크게 힘들이지 않아도 가능한 일을 해보자는 쪽으로 의견이 모였다. 성북동 마을 사람들이 어떻게 사는지 보여주는 방식으로 마을 투어를 하게 해보는 것이다.

늦은 오후, 성북동 마을을 산책하다가 저녁이 되면 마을 사람 집에 들어가 함께 밥을 먹거나 책을 읽는 그런 마을 투어다. 실제로 마을 사람들을 만나서 이야기를 나눌 수 있는 기회를 만들자는 취지였다. 성북동으로 이사 오기 전의 김기민 씨처럼 성북동에 관심 있는 사람들이 주로 성북동 마을 투어에 참여하고 있다.

삶을 함께하는 성북의 마을공동체

이와 같은 마을 투어를 생각한 것은 삶과 삶을 좀 더 구체적으로 맞닥뜨리게 하고 싶어서였다. 외부인이 성북동을 찾을 때 많은 경우 천편일률적인 행로를 거닌다. 맛집을 들르고, 상업 공간을 찾는다. 물론 성북동이 상대적으로 덜 상업화된 지역이기는 하나, 그런 형태의 투어는 성북동이 아니라도 가능하다. 그것보다는 마을 주민들의 삶과 직접 맞닿게 하고 싶었다. 그런 방식으로 마을이 외부와 연결되기를 바랐다.

"외부에서 오는 입장에서는, 모든 사람이 그렇진 않더라도, 마을 안의 속살을 들여다보고 그곳 주민이 아니면 알 수 없는 부분도 보고 싶지 않겠어요? 뭔가 이곳만의 특색을 보고 싶어서 사람들이 찾아오는 것일 텐데, 그런 욕구나 관심 사항을 지역 주민들과의 직접적인 만남을 통해 충족할 수 있게 해주는 거죠. 그렇게 하다 보면 결국 지역 활성화에도 도움이 될 테고요."

성북동 일대의 마을공동체 활동은 대부분 2013년부터 본격화되었다. 김기민 씨를 중심으로 동네공간에서 열리는 '성북동부엌'도 마찬가지다. 성북동 주민 외에 다른 지역 사람도 참여할 수 있는 이 모임에서는 4~5명 안팎이 모여 함께 음식을 만들고 나눠 먹는다. 성북동부엌은 마을의 공동 부엌 역할을 하고 있으며, 여기에 참여한 사람들은 한데 어울려 음식을 만들고 먹는 과정을 통해 서로에게 젖어든다. 함께 음식을 만들고 먹으며 이야기를 나누는 과정에서 나와 다른 사람들의 삶을 엿보고 내 삶도 돌아본다. 마을 사람들과 이런 사소한 즐거움을 나눌 수 있다는 것은 도시에서는 여간해서 찾기 힘든 매력이다.

성북동에서는 '따로 또 같이'라는 주거 공동체 실험도 이뤄지고 있다. 김기민 씨도 이 주거 공동체의 일원이다. 지금의 서울은 평생을 직장 다니며 돈을 모아봐야 집 한 채 살 수 없는 곳이다. 그런 상황에서 이 지역의 청년들이 스스로 돌파구를 찾기 위해 공동 주거의 방법을 놓고 동네공간에 모여 공부를 시작했다. 그리고 김기민 씨를 포함해 생각이 잘 맞는 청년 세 명이 서울 성곽 숙정문 탐방로 부근에 있는 단독 주택을 임대했다. 집 주인은 결혼 당시부터 이 집에서 살아온, 팔순이 넘은 분이었다. 김기민 씨는 60년도 더 된 이 집이 마음에 든단다. 그가 일하는 동네공간에서 걸어서 15분이면 충분한 거리이기도 했다.

그러나 함께 사는 과정이 마냥 쉽지만은 않았다. 아무리 뜻이 좋아도 함께 살면서 공동의 삶의 규칙을 만든다는 건 또 다른 문제였다. 책으로 공부하고 준비하면서 느낀 것과는 다른 점들도 나타났다. 각자 다른 환경과 문화에서 살아오고 생활 패턴이나 생활 방식이 다르다 보니 어쩔 수 없이 빚어지는 마찰이었다. 하지만 각자가 다르다는 것을 인정하고 나니 그 다름을 즐길 수 있는 여유가 생겨났다. 김기민 씨는 공동 주거를 하면서 불편한 점보다는 좋은 점이 더 많다고 말한다.

"지금보다 함께 사는 사람이 더 많아져도 공동 주거에 대한 생각이 크게 달라질 것 같진 않아요. 집이라는 공간에 대해 애착도 생긴 것 같고요. 원룸에 살면 모텔처럼 잠만 자는 곳이 되기 쉽잖아요. 옆방에 누가 사는지 알 필요도 없고, 관심도 없고. 그런데 공동으로 거주하다 보니 집과 사람에 대한 관심이 생기고, 어떻게 하면 함께 즐겁게 살 수 있을까 고민하게 되더라고요. 그것이 내 삶을 풍성하게 만들고 있고요."

기존의 가족 구조는 혈연 중심이라 그 구성원들이 가족의 대소사에 자발적으로 참여하기도 하지만, 그러지 않을 경우에는 의무적으로 참여하기를 요구받기도 한다. 또 가족 중에서도 가장이나 경제력 있는 사람의 권위나 힘이 크게 작용하기도 한다. 그러나 공동 주거는 각자 주체적인 경제 단위이다 보니 차별적인 요소가 줄고 의사 결정 과정도 민주적이라는 것이 김기민 씨의 설명이다. 의무나 강요보다는 자발성을 중시하고 개인 간의 다름을 존중하니 집안에서의 삶이 좀 더 즐겁다. 독립하되 연대하는 것이 가능하고, 가정을 어떻게든 유지하기 위해 혈연 가족처럼 애쓸 필요도 없다. 원하면 나갈 수도 있고 새 사람이 들어올 수 있다. 억지로 유지해야 할 제도적인 압력 따위는 존재하지 않는다.

그는 4~5년 정도 준비 기간을 거쳐 지금의 공동 주거를 협동조합 형식으로 만들 계획도 하고 있다. 협동조합 주택을 만들면 각자 부담할 돈이 적어 외부 도움을 덜 받아도 되고, 지역과 가치 중심으로 하는 주거·생활 공동체도 가능해지기 때문이다. 주거 공동체 공부도 계속하면서 또 다른 공동 주거를 해나갈 사람들을 섭외하고, 마을에 있는 공간을 활용해 게스트하우스를 운영하는 상상도 하고 있다. 공동 주거가 활성화되면 이것을 참고해서 성북동 내의 다른 지역에서도 이런 형태의 지역 공동체를 함께 고민하고 만들어갔으면 하는 바람도 갖고 있다.

김기민 씨는 사람들에게 꼭 필요한 일임에도 국가가 하지 못해서 채워지지 않은 부분들을 마을 사람들 서로가 메워갈 수 있는 공동체를 꿈꾸고 있다. 그리하여 다양한 형태의 공동 주거가 개인 주거와 함께 모여 있는 대안 공동체 마을을 형성하면 좋겠다는 바람을 갖고 있다. 물물교환, 지역 화폐, 재화·용역 및 부가가치의 지역 내 생산과 순환을 기초로 하는 도시형 자급·자족·자립 경제 구역을 마을에 형성하고 싶은 것이다. 그래서 다른 사람들과 함께 공제조합 형태인 사회적 금융 공부도 하고 있다.

"이 모든 것이 실은 나 좋자고 하는 일이에요. 서울시 마을공동체 사업은 처음엔 있는 줄도 몰랐어요. 내 필요에 의해 마을공동체 활동들을 하다 보니 그런 프로그램이 있다는 걸 알았고, 공모 사업에 신청해서 사업비를 받아 성북동천 활동도 하고 있고요. 내가 필요해서, 내가 살 먹고 잘살기 위해서, 행복하게 살기 위해서 이것저것 알아보고 행동하다 보니 마을공동체를 꾸려나가게 된 거죠. 일상을 공유하면서 공동의 삶의 지지 기반을 만들어가는 데 관심 있는 사람들과 함께하면, 특히 독립생활자들의 경우에는 나이 들어서 공동체의 도움을 필요로 할 때 도움을 받을 수 있지 않을까요? 서로 도움을 주고받는 관계를 만들고 싶어요."

지속 가능한 마을공동체를 위하여

물론 김기민 씨도 아직은 마을공동체의 지속 가능성에 대해서는 확신하지 못한다. 마을공동체를 꾸리고 돌보는 일이 생업 외의 활동이다 보니 추가적으로 에너지를 소모해야 하는 경우도 많고, 일이 몇몇 사람에게 집중되면 그들이 먼저 지쳐서 나가떨어지기도 하기 때문이다. 지치지 않는 것이 중요하고, 그래서 주민들의 참여가 중요하다. 살고 있는 마을에 관심을 갖고, 자기만의 이익을 취하고자 하는 마음보다는 함께 즐겁게 할 수 있는 일들을 고민하면서 서로의 삶이 맞닿는 지점을 찾아나갈 때 마을공동체가 오래 지속될 수 있다. 그러기 위해서는 그런 지점을 잘 연결하고 힘을 북돋는 주민들이 많이 있어야 한다.

김기민 씨는 서울시나 자치구가 '마을공동체사업'안을 공모해서 지원해 주는 방식으로는 주민 활동의 흥미나 재미를 떨어뜨릴 가능성이 있고, 그래서 마을공동체 만들기가 지속적인 운동으로 이어지기 어렵다고 생각한다. 실질적인 주민 주도라기보다 관이 관여해서 마을공동체 활동을 조직하는 방식으로는 한계가 있고, 주민들 자신이나 풀뿌리 조직이 나서서 시스템을 뒤집을 수 있는 노력이 필요하다는 말이다. 관은 철저하게 지원의 입장에만 서고, 주민들 사이에 구심점들이 형성되어 마을의 주체적인 활동을 펴나가길 그는 기대하고 있다.

열매를 잘 맺기 위해서는 좋은 토양과 따사로운 햇빛, 충분한 수분의 공급만으로 충분하지 않다. 열매를 흔드는 심한 비바람 같은 고비도 넘겨야 한다. 성북동의 마을공동체는 지금 그런 과정들을 겪으며 단단하게 여물어가고 있다.

/4/
우리는
마을에서,
협동한다

협력과 협동의 현장

청년들의 협동으로 일군 느낌의 공동체

우리마을카페오공과
우리동네사람들

적게 소비하면서 삶의 질을 높이는 방법은 가능한가? 고개를 갸우
뚱할지도 모르겠다. 서울 서초구 서초동에 위치한 '우리마을카페오공'
(이하 카페오공)에서는 바로 그런 삶의 기술을 찾고 있다. "비싸고 큰 소비
가 이뤄지는 '강남'이라는 공간에서 그게 가능할까?"라는 의문은 일단
접어두고 이들이 하는 얘기를 먼저 들어보자. 카페오공은 경쟁보다 협
력과 공존·공유를 기치로 '다른 삶'을 꾸리고 있는 청년 마을공동체다.

카페오공, 그 이름에서 이들의 정체성이 묻어난다. '오공'은 주인장
의 인원수 '50'을 뜻한다. 협동조합 형태로 운영되고 있는 이곳은 50명
의 청년들이 만든 협동조합 카페이자 커뮤니티 공간이다. 서초동에 이
어 녹번동 서울혁신파크* 내 청년허브에서도 '창문카페'라는 이름의

＊ 서울혁신파크는 은평구 녹번동 (구)질병관리본부의 10만 9천 평방미터에 이르는 부지 안에, 서울시
가 새로운 사회적 가치 창출 및 혁신의 허브 역할을 하는 공간으로 조성하고 있다. 다양한 혁신 기

카페를 2015년 3월까지 2년여 동안 운영했고, 영등포에 '카페 그래서'도 냈다. 그것으로 끝이 아니다. 카페오공의 조합원 일부는 주거 공동체를 만들어 함께 공부하면서 마을공동체를 이루고 있다. 이들은 돈보다 가치를 지향하고, 남들 보기에 버젓한 직업이나 직장보다 내가 즐겁게 일할 수 있는 곳을 선택한다. 그래서 그들은 늘 스스로와 세상에게 "적게 쓰면서 어떻게 하면 삶의 질을 향상할 수 있을까?" 묻고, 그 질문의 답을 찾으려 공부하고 있다. 그리고 그렇게 해서 알게 된 것은 실천에 옮기고자 노력하고 있다. 그들이 만들어가고 있는 '다른 삶'이 곧 그 질문에 대한 답인 셈이다.

협동조합, 청년들의 삶의 안전망

카페오공은 2012년 4월 만들어졌다. 초기 자본금은 5천만 원. 법륜 스님이 이끄는 수행 공동체이자 불교 단체인 정토회에서 함께 활동하고 공부하던 청년들이 뭉쳐서 만든 카페이다. 그런데 재미있게도 이 카페오공의 시작은 귀촌에 대한 관심에서 비롯되었다.

2011년 처음으로 귀촌에 관심 있는 청년들이 모임을 가졌다. 생각

업과 단체를 집적·육성해 소셜 벤처와 창업을 활성화하고, 다양한 분야가 힘을 합쳐 사회 문제를 해결하고, 새로운 부가가치·일자리 창출의 메커니즘을 구축하는 것을 목표로 하고 있다. 이에 도시 혁신의 창조·확산·협업을 선도하는 공간으로 육성할 계획이다. 서울혁신파크에는 사회적경제지원센터·청년일자리허브·인생이모작지원센터·크리에이티브랩·마을공동체종합지원센터 등 서울시의 중간 지원 조직이 모여 있어 기관 간의 활발한 협업 및 아이디어 융합이 이뤄질 것으로 기대되고 있다.

보다 귀촌의 열망이 강하다는 것을 확인할 수 있는 자리였다. 일주일을 합숙하면서 끝장토론을 벌였다. 왜 귀촌을 하려는지 각자 자신의 이야기를 하는 것부터 귀촌을 하기 위해 필요한 것이 무엇인지 등을 놓고 열띤 토론이 오갔다. 그리고 귀촌을 위한 준비가 부족한 상황에서 갑작스레 귀촌하기보다 준비 과정을 거치자는 쪽으로 잠정적인 결론을 내렸다.

그들이 생각하는 귀촌은 도시 생활을 완전히 청산하고 농어촌으로 들어가는 기존의 귀촌 개념과는 조금 달랐다. 도시 생활에 익숙해 있는 청년들의 현실적인 상황도 반영한 것이지만, 이들에게는 장기적으로 청년들의 협업과 네트워크에 뿌리를 둔 마을공동체를 여러 지역에 만들고 싶은 욕구가 있었다. 농어촌과 도시에 문화 공간, 생태 공간 등을 다양하게 만들어, 공동체에 속한 이들이 도시건 농어촌 지역이건 원하는 곳으로 이주하면서 살 수 있는 일종의 마을공동체 연합을 그들은 꿈꾸었다.

그렇게 된다면 도시에서 공동체가 운영하는 카페에서 일할 수도 있고 농어촌에서 농사를 짓거나 문화 공간 등을 운영하면서 살 수도 있을 것이다. 자유로이 공동체를 선택하면서 자신과 더 잘 맞는 삶을 꾸려갈 수 있는 방법이었다. 아울러 자신들이 비록 정토회라는 불교 단체의 구성원들로 출발하기는 했지만, 공동체 정신과 가치에 동의하고 소통할 수 있는 마음만 지녔다면 종교가 무엇이든 함께하는 데 전혀 문제가 없다는 것이 이들의 생각이었다.

이들은 카페오공을 열기 전에 먼저 인천 검암 지역에서 여섯 명이 공동 주거 실험을 해보기로 했다. 카페오공과 함께 이야기해야 할 주거공동체 '우리동네사람들'(이하 우동사)이 그것이다. 그 시작은 2011년 9월이었다. 함께 살면서 마을공동체, 협동조합 등 다양한 주제로 독서 모임을 해나갔고, 그러는 가운데 협동조합 방식으로 카페를 만들자는 의견이 나왔다. 카페를 열 장소로 서초동을 알아본 이유는 지리적으로 익숙한 정토회 부근이면 좋겠다는 생각 때문이었다.

역시 월세가 만만치 않았다. 포기할까도 생각했다. 그러다 지하 공간에 비교적 저렴한 자리가 나왔다. 부정적인 의견도 있었지만 일단 시작해 보는 쪽으로 의견이 모이고, 조합원 규칙이나 권리 등을 마련해 나아갔다. 이런저런 우여곡절을 겪은 뒤, 2012년 4월 카페의 문을 열 수 있었다. 주변에 있는 스타벅스 등 서대 커피 프랜차이즈와도 경쟁해야 했기에 일반적인 카페로는 어렵다는 판단이 들었다. 카페오공만의 콘셉트를 잡았다. 커뮤니티 활동 위주로 공동체를 만드는 데 주력하자!

주인 노릇을 할 호스트를 섭외해 음식을 함께 만들고 나눠 먹으면서 이야기를 나누는 '심야 식당'을 여는 등 다양한 재능 나눔 활동이 카페오공에서 이루어지도록 유도했다. 재능 나눔 프로그램만 해도 1년 동안 300회를 넘게 개최했고, 그 결과 3천 명이 넘는 인원이 이 프로그램에 참가했다. 재능 나눔 참여자가 다시 참여하는 비율도 꽤 높았다. 서초 지역을 기반으로 하고 있지만 이제 서울 다른 지역의 청년들도 카페오공을 많이 찾고 있다. 카페오공에서는 프리마켓 '오공장터'도 매달 한 번씩 진행한다. 그런 노력 덕분인지 마을 커뮤니티 공간이자 연결고리로서 카페오공의 이름이 꽤 알려지기 시작했다.

사람들이 계속 찾아오면서 보이지 않는 수익이 쌓여갔다. 카페 수익도 크게 늘지는 않았지만 어느 정도 자립을 이루어냈다. 임대료나 인건비 등 기본적인 비용을 충당할 수 있을 만큼은 벌고 있는 것이다. 비용 절감을 위한 나름의 노력도 기울이고 있다. 그렇다고 인건비를 줄이거나 재료비를 줄이는 식의 절감이 아니다. 적게 쓰면서 풍요롭게 살기 위한 실천이 일상적으로 이뤄지는 공간이 카페오공이다.

청년들의 협동은 탄탄하다. 애초에 가치 공유를 우선하면서 공부를 계속해 온 덕분이다. 100만 원씩 낸 출자금을 되돌려 받지 못할 수 있다는 것도 일찌감치 합의가 되었다. 그 대신 조합원들은 '콩알'이라는 대안 화폐를 월 1만 원씩 받았다. 카페오공에서 다루는 커피와 차, 음식 등의 먹을거리를 사 먹을 때 현금처럼 활용할 수 있고, 다른 사람에게 양도할 수도 있다. 조합원 모두가 자신이 주인이라는 의식이 없으면 불가능한 일이다. 그래서 이곳에서는 조합원들 모두가 '주인장'으로 불린다. 카페오공의 핵심은 거기에 있다. "우리 모두가 주인이다!"

적게 소비하자 삶의 질은 높아지고 자유가 찾아왔다

그런데 이렇게 주인이 많으면 협동하기보다는 각자 자기 주장만 내세우게 되지는 않을까? 사공이 많아서 산으로 가는 것은 아닐까?

답은 '아니다'이다. 울새들은 늙은 울새를 쪼아 죽이지만, 사람들은 나이든 사람에게 노령 연금을 준다. 같은 무리 안, 대개의 사람은 동물들보다 서로에게 더 친절하고 서로를 더 위해준다. 협동조합은 바로 이러한 인간의 협동 정신에 대한 신뢰를 바탕으로 하고 있다. 서로 협동하고 협력함으로써 나무들이 함께 숲을 이루고 그 안에서 공존하고 공영하자는 것이 협동조합의 원리다. 그것은 마을공동체도 마찬가지다.

철학자 신승철은《녹색은 적색의 미래다》에서 이렇게 말한다. "나무들이 모이면 숲이 된다. 나무와 나무에 '사이'가 생기고, 사이와 사이는 곧 '흐름'이 된다. 사이와 흐름은 다양한 동식물이 서식하는 터전이 된다. 그럼으로써 숲은 1+1=2가 아니라 3도 되고 4도 된다. 마을공동체나 협동조합도 그렇다." 카페오공은 바로 1 더하기 1이 3도 되고 4도 되는 깃을 경험하는 공간이요 집단이다.

우동사에 거주하면서 카페오공의 주인장 중 한 명이자 대표로 있는 조정훈 씨는 다른 주인장들과 함께 공부하고 토론하며 또 직접 공동체를 꾸려 생활하면서 삶이 바뀌었다고 말한다.

"20대 때 '어떻게 살아야 할까'에 대한 고민이 많았어요. 모르니까 그냥 남들 하듯이 살았죠. 학교를 졸업하고 투자 회사에서 일했어요. 돈을 많이 벌어야 행복할 수 있다고 믿는 사람 중 한 명이었죠. 일하면서 이건 아닌 거 같은데 뭐가 아닌지를 잘 모르겠는 거예요. 그러다가 정토회에서 불교 공부를 하면서 내 생각을 들여다보게 되었고, 돈을 많이 벌고 싶다는 것이 불안에서 비롯되었음을 깨닫게 된 거죠. 뜻이 비슷한 사

람들을 만나 공부하고 공동체를 도모하면서 불안하고 흔들리던 것이 차츰 없어졌어요. 사람이 자유로워지면 무엇을 해도 상관없을 것 같았어요. 지금도 어려움은 있으나 무리하지는 않아요. 할 수 있는 만큼 하고, 여럿이 함께 하니까 할 수 있는 것이 점점 많아지고 있어요."

카페오공도 그렇고 우동사도 그렇고 모두 "적게 쓰면서 삶의 질을 향상시키는 것"을 목표로 하고 있다. 그들은 적게 쓰는 기술이 있어야만 적은 비용으로도 일을 하는 데 제약을 덜 받고, 하고 싶은 일과 집중하고 싶은 일을 찾을 수도 있다는 것을 알게 되었다. 그런 기술이 쌓이면 선순환 구조가 생기기 때문이다.

우동사도 사람이 늘고 결혼하는 커플 등이 생기면서 지금은 총 세 채로 집이 늘었다. 이 밖에 인근의 빌라를 매입해 게스트하우스로 활용하는 곳도 한 곳이 있다. 모두 스무 명가량이 공동 주거를 하고 있는데 직업은 바리스타, 교사, 마을 활동가 등으로 다양하다. 결혼한 두 쌍을 제외하고는 모두 1인 가구다. 그들은 장기적으로는 도시와 농어촌 지역에 마을공동체를 만들고, 원하는 지역에서 자유롭게 생활하도록 한다는 목표를 계속 추구하되, 우선은 우동사가 위치한 검암에 마을공동체를 만드는 쪽으로 방향을 전환했다.

집은 내부 출자금과 대출을 통해 구입했다. 출자금은 원래는 1천만 원씩이었으나 지금은 2천만 원씩으로 올렸다. 물론 한꺼번에 다 내는 것이 아니라 한 달에 조금씩 납부하는 방식이다. 개인 지분을 인정하고 그 외에 생겨난 현물 등은 공동 지분으로 삼고 있다. 이처럼 '공부'와

'함께 살기'를 통해 끊임없이 진화해 가는 주거 공동체가 우동사이다.

　그런데 이렇게 함께 사는 것이 적게 쓰면서도 삶의 질을 높이는 것과 어떤 관계가 있을까? 그런 의미에서 이렇게 물을 수도 있겠다. "같이 살면 비용이 얼마나 절감되나요?" 그래서 얼마만큼 비용이 절감됐는지 뽑아보았다. 1인 가구의 경우 보통 한 달에 월세, 공과금, 생활비 등으로 65만 원 정도가 든다. 그런데 우동사는 이보다 훨씬 적게 들었다. 1인 기준으로 고작 15만 원이 들었다. 함께 살다보니 무엇보다 월세 비용이 크게 줄었다. 주거 관련 비용이 76.9퍼센트나 감소한 셈이다. 생활비도 당연히 줄었다. 내 것을 따로 사지 않아도 함께 사용할 수 있는 것이 많았다. 매달 자체적으로 주민세를 걷고 있는데 1인당 4만 원씩 낸다. 생활비도 거두고 있지만 상대적으로 많이 벌면 더 내는 등 형편에 맞춰서 낸다. 최소 6만 원에서 16만 원까지로 생활비 부담도 크지 않다. 그러다 보니 낭비도 자연스레 줄었다. 음식물 쓰레기는 네 마리의 암탉이 사는 옥상의 닭장으로 향하고, 닭은 매일 두세 개씩 계란을 낳아준다.

　그런 식으로 절약할 수 있는 액수를 뽑아보니 12명 기준으로 1년에 무려 7,200만 원에 이른다는 것이 조정훈 씨의 설명이다. 적게 벌면서도 삶의 질이 높아질 수 있음을 보여준 셈이다. "나는 가난하지만 우리는 풍요롭다." 카페오공과 우동사를 단적으로 설명할 수 있는 말이다.

　조정훈 씨는 이와 같은 마을공동체에 대해 이렇게 말한다. "마을공동체의 핵심은 관계망이라고 봅니다. 우동사가 단단하게 갈 수 있는 핵심은 월요 밥상 모임에 있지 싶어요. 월요일에는 무슨 일이 있어도 함께 저녁을 먹고 이야기를 나눕니다. 대소사를 공유하고 대화하는 것이 중요해요. 혼자 놀던 것에서 친구(동료)와 함께 놀게 되고, 머뭇거리던 것에서 새로운 시도를 주저 없이 하게 되면서 각자의 삶도 풍요로워지고 있고요. 거기서 받는 에너지가 엄청나요."

함께 모여 살다 보면 의견 충돌이나 갈등이 없을 리 없다. 그러나 이들은 의견 충돌을 빚지 않으려 애쓰기보다는, 서로 의견이 다를 수 있다는 점을 인정하고 의견이 충돌하면 그것을 푸는 것에 더 관심을 두기로 합의했다. 아울러 마음의 근육을 강화하는 공부도 게을리 하지 않는다. 마음의 근육이 단단해야 의견 충돌이나 갈등이 생겼을 때 상대방의 잘못을 지적하거나 자기 생각을 강요하기보다는, 먼저 자기의 마음 상태를 들여다보면서 감정에 휩쓸리지 않고 상대방의 이야기를 끝까지 들어줄 수 있기 때문이다. 그렇게 갈등을 푸는 과정에 초점을 맞출 때 비로소 임기응변식 미봉이 아닌 진정한 해결책도 보이는 법이다. 그런 점에서 조정훈 씨는 마음 공부가 공동체의 중요한 요소라고 강조한다.

마음 공부를 통해 자신의 감정 상태를 들여다보고 상대의 마음을 존중할 줄 아는 힘이 생긴다면, 규칙 같은 것은 그다지 필요하지 않을 수 있다. 그래서 우동사 식구들은 자신들이 가장 잘한 결정이 있다면 바로 규칙을 만들지 않기로 한 것이라고 말한다. 일단 규칙 없이 살아 보고 정 안 되면 만들자고 했는데, 지금까지 3년이라는 시간이 지났지만 규칙 없이도 여전히 잘 굴러가고 있다. 이들을 보면 공동체에 규칙이 필요하다는 것도 어쩌면 편견일지 모른다는 생각이 든다. 소통이 막

히거나 잘 안 될 때, 이야기하기가 꺼려질 때, 그런 상황을 풀어갈 힘이 없을 것이라는 신뢰의 포기가 규칙을 요구하게 하는 것은 아닐까? 어쨌든 우동사에는 규칙은 없고 그 대신 집안에서 각자가 맡은 역할이 있을 뿐이다.

그 밖에 우동사는 검암 땅에 100평, 강화에 500평의 땅을 빌려서 농사도 짓는다. 이른바 '텃밭오공'이다. 매달 한 번 우동사 사람들이 모이는 밭 데이, 논 데이 등을 진행하면서 농작물과 친해지고 우동사 사람들 간의 친목을 다지는 행사도 열고 있다. 그들은 '창문카페'가 있는 녹번동의 청년허브 건물 옆 빈터에도 농작물을 심고 기르는데, 이곳에서는 서울혁신파크에 함께 있는 인생이모작지원센터의 프로그램에 참여하는 어르신들과 함께 텃밭을 가꾸며 세대 융합을 이루는 또 다른 재미를 찾기도 했다. 공동체를 안정적으로 유지하기 위한 의료 두레 실험도 최근 시작했다. 우동사 가족들이 함께 만든 커뮤니티펍 '0.4km'도 빼놓을 수 없다. 인천문화재단의 지원을 받아 만든 이 펍은 수제 생맥주를 통해 지역과 주민에게 좀 더 가까이 다가가겠다는 그들의 의지를 담고 있다.

청년이 만드는 '다른 삶'

카페오공과 우동사는 이렇게 적게 쓰면서 삶의 질 향상을 위한 다양한 시도를 하고 있다. 우동사는 의료 두레, 공동 주거 교육·연구, 구성원들이 필요로 할 때 자금을 빌려줄 수 있는 연대 은행(금융), 텃밭오공(농사)에 대한 연구를, 카페오공은 3만 엔 비즈니스[*](일거리), 재능 나눔, 심야 식당, 연찬, 나누기, 대안 화폐, 기본 소득[**] 등에 대한 연구와 사례를 맡고 있다. 오해하지 말자. 저렴하게만 살려는 것이 아니다. 삶의 질을 높이려면 물질적 편리, 평화로운 환경, 정신적 자유 등이 함께 조화를 이뤄야 한다는 것을 이들은 누구보다 잘 알고 있다.

"적게 쓴다는 건 구체적인 일상의 소비 패턴에 대한 대안을 마련하는 것이에요. 적게 쓰면 하고 싶은 것을 할 수 있는 품이 생기고, 새로운 길을 모색하다 보면 뭔가를 하게 됩니다. 공동체를 활성화하는 쪽으로 활동을 집중하면 적게 소비해도 되는 공동체의 틀이 만들어집니다. 많이 벌어도 상관은 없지만, 적게 소비할 수 있어야 선순환 구조를 만들 수 있다고 봅니다. 재밌는 것은 우동사에서 한두 명씩 직장을 그만두면서 자기가 하고 싶은 일을 찾고 있다는 거예요. 원하는 곳에서 살면서 일하자는 욕구가 청년들한테는 강한데, 적게 쓰면서 삶의 질을 향상시

---

[*] 일본의 철학하는 발명가로 알려진 후지무라 야스유키의 《3만 엔 비즈니스, 적게 일하고 더 행복하기》는 저성장 시대의 일하기 방식을 제시한 책이다. 동료 혹은 공동체와 무언가를 함께 고민하고 모색하면서 비즈니스를 만든다. 뼈 빠지게 일해도 결국 자본과 대자본가의 노예가 되고 마는 현실에서 벗어나, 조금만 일하고 더 행복해지는 신개념 비즈니스 모델을 제시하고 있다.

[**] 한 사회의 구성원 모두에게 무조건적으로 국가가 제공하는 소득이다. 해마다 물가 인상률을 반영하여 기본 생활을 보장하는 수준으로 매달 지급되는 것을 기본으로 한다. "모두 주자!" "그냥 주자!"는 기본 소득의 무조건성을 쉽고 간단하게 설명하는 핵심 슬로건이다. 프랑스의 정치철학자 바티스트 밀롱도는 《조건 없이 기본 소득》에서 기본 소득의 무조건성은 원칙의 문제인 동시에 효율의 문제라고 잘라 말한다.

키는 방법을 익히는 건 삶을 전환하려는 청년에게 필수입니다."

그러면서 조정훈 씨는 "쿠바 혁명의 진정한 목표는 새로운 인간을 만드는 것"이라는 체 게바라의 말을 인용했다. 카페오공과 우동사는 그렇게까지 거창한 것은 아니더라도, 내 삶의 혁명을 위해서는 내가 먼저 새로운 인간이 되어야 하고, 그것은 혼자서보다는 동료나 공동체가 있을 때 훨씬 쉬워진다는 것을 그동안의 경험을 통해 알게 되었다. 그리고 하나둘씩 '다른 삶'의 가능성을 증명해 내고 있다.

20세기를 지배하던 경쟁의 논리가 이런 청년들의 등장과 함께 서서히 힘을 잃어가고 있다. 그 대신 협동과 협력이 새로운 패러다임으로 등장하고 있다. 다양한 방식의 협동조합 운동이 그것을 대변한다. 새로운 패러다임이 요구하는 인간상은 협동하는 인간이다. 경제 법칙에 따라 움직이는 인간 '호모 에코노미쿠스Homo Economicus'가 아닌 상호 의존적이고 호혜적인 인간 '호모 레시프로쿠스Homo Reciprocus'가 새로운 시대를 열어가기 시작한 것이다.

협동으로 일구는 '마을 리얼버라이어티'

성대골

서울 동작구에 위치한 성대골. 행정 구역상 공식 명칭은 아니다. 상도3동 성대시장 입구에서 국사봉 골짜기에 이르는 마을 이름이다. 옛날 신中 씨 성을 가진 부자가 죽자 묏자리를 구해 땅을 파헤쳐보니 복숭아 꽃이 한 아름 나왔다고 한다. 그때부터 그곳을 성도화리成桃花里라고 부르다가 차츰 성도아리, 성도리, 성대리로 변했고, 지금은 성대골이라고 부르기도 한단다.

이곳에는 아파트와 다세대 등 공동 주택과 단독 주택이 공존한다. 누구도 그냥 지나치기 힘든 시끌시끌한 전통 시장도 있고, 왕복 2차선 도로를 운행하는 마을버스가 언덕배기를 오르내리는 풍경도 정겹다. 사람 사는 마을이란 느낌이 물씬 풍기는 곳이다.

이곳에서도 마을공동체를 만들기 위하여 주민들이 자발적으로 움직이는 모습이 눈에 띈다. '내 마을'이라는 소속감, '서로 이웃'이라는 연대감이 이곳 주민들 사이에 유독 큰 탓이다. 이런 움직임의 중심에는 '마을 오지라퍼(들)'가 있다. 이들은 마을에서 누군가에게 무슨 일이 생기면 어김없이 짠~ 하고 나타난다. 마을에 필요한 것이 무엇인지 알아내고 현실화하기 위해 동분서주한다. 마을살이를 하면서 마을공동체를 함께 꾸리는 사람들이 마을 오지라퍼다. 마을 곳곳을 돌아다니며 '지퍼'를 올리는 역할을 하고 있다고 설명하면 될까? 지퍼를 올림으로써 패션이 완성되듯, 마을 오지라퍼가 종횡무진하면서 마을에 필요한 일들을 채워나가니 마을공동체라는 옷이 만들어진다. 그들 덕분에 성대골이 마을공동체로서 화사한 꽃을 피우고 있다.

성대골 사람들의 가장 큰 장점이라면 연대와 협동이다. 서로의 필요와 욕구를 읽어주고 찾아주고 풀어주기 위하여 힘을 모은다. 마을 오지라퍼가 이곳저곳을 기웃거려서 불씨를 지피면, 마을 사람들이 힘껏 부채질하여 횃불로 만든다. 자연스럽게 '팀플레이'가 이루어진다. 마을에서 필요로 하는 것을 찾고 그것을 해결하기 위하여 마을 사람들이 십시일반 돈을 모으거나 재능을 보태는 것이다. 혼자였다면 할 수 없는 일도 마을 사람들과 함께 하면 가능해진다. 협동은 성대골의 문화이자 마을 주민들을 움직이는 동력이다.

협동의 문화로 '협동조합의 거리'를 만들다

유호근 희망나눔동작네트워크(이하 희망동네) 사무국장은 성대골의 마을 오지라퍼 중 한 사람이다. 희망동네는 지난 2004년 3월, 주민들이 협동조합 형태로 발족시킨 지역 기반의 시민 단체다. 지역을 자세히 알고 지역을 더 살기 좋고 행복한 곳으로 바꿔보겠다는 마음이 모여 단체를 만드는 것으로까지 이어진 것이다. 무엇이 마을을 행복하게 만들 것인가? 우리 마을에 필요한 것은 무엇인가? 그들이 품은 첫 질문이었다.

처음 설립했을 때만 해도 희망동네가 얼마나 갈 것인지 우려와 걱정이 많았다. 마을공동체, 협동조합 등에 대해 지금처럼 이야기하는 사람들이 많지 않을 때, 희망동네는 마을공동체와 협동의 문화를 만들기 위해 활동을 시작하여 벌써 10년을 넘겼다. 희망동네는 지금 성대시장에 세 개, 사당동에 두 개의 협동조합을 주민들과 함께 꾸리고 있다. 그들은 앞으로 협동조합들을 더 만들어 성대골 일부를 협동조합 거리로 꾸리는 꿈을 꾸고 있다. 마을 주민들이 함께하는 협동조합들이 늘어선 마을공동체 말이다.

그러나 단지 숫자만 늘리는 것이 목적이 아니다. 유호근 씨가 "협동조합이 늘어나는 게 목적이 아니라 협동의 문화를 만드는 것이 목적"이라고 힘주어 말하듯이, '어떻게 하면 함께 살아갈 것인가'를 고민한 것이 성대골에 협동조합이 줄줄이 만들어진 출발이었다.

사회는 남들과 경쟁해서 이기고 경제 성장을 향해 앞으로만 달려가면 부유해지고 행복해질 거라고 말했다. 그러나 현실은 그렇지가 않았다. 1인당 국민소득은 높아지고, 대기업은 성장일로인데, 서민들의 삶은 나날이 팍팍해져만 갔다. 희망동네도 지역 단체로서 마을을 둘러보자 수많은 문제들이 보였다. 답이 보이지 않았다. 그렇다고 가만있을 수는 없었다. 통계를 찾아봤다. 서울 시민은 2년 이내에 35퍼센트, 5년 이내에 65퍼센트가 이사를 하고 있었다. 떠나는 이유를 보니 교육, 일자리, 경제 문제 등이 가장 컸다. 반짝, 유호근 씨의 머리 위에 전구가 켜졌다. '이런 문제를 해결하면 이사를 안 갈 테고, 지역 안에서 사람들과 사귀면서 지역 문제를 함께 해결하려고 하지 않을까?'

그래서 시작한 첫 번째 사업이 마을 어린이 도서관을 만드는 것이었다. 아이들이 함께 자라날 수 있는 교육 환경을 만들자는 취지였다. 쉽지는 않았다. 유호근 씨는 마을 사람들을 만나고 다녔다. 한결같이 이런 대답이 돌아왔다. "그게 되겠어?" 안 된다는 얘기뿐이었다. 그래도 멈추지 않았다. 그는 마을 주민들을 설득하고 기금을 모으기 시작했다.

성대골 주민들, 마을 어린이 도서관을 만들다

부지런히 돌아다니며 1년 동안 십시일반으로 모은 돈이 2천여만 원이었다. 기금을 낸 사람들 중에는 아들이 칠순 잔치에 한복을 사 입으라고 준 100만 원을 기증한 어르신도 계시고, 틈틈이 모은 돼지저금통을 깬 아이도 있었다. 어른, 아이, 아줌마, 아저씨, 소녀, 소년, 청년 할 것 없이 마을 도서관 만드는 데 힘을 모으고 마음을 합쳤다. 그 취지에 공감한 한 출판사에서 4천여 권의 책을 기증하기도 했다.

2010년 10월의 햇살 좋은 가을날, 마침내 성대골어린이도서관이 탄생했다. 작지만 뿌듯한 '우리' 마을 도서관이 행복하게 문을 열었다. 주민 200여 명이 월 5천 원에서 2만 원의 회비를 내는 회원이 되었다. 한 사람만 꿈을 꿨다면 이루지 못했을 일이었다. 마을 주민 여럿이 함께 꿈을 꾸니까 어느덧 현실이 되었다. 성대골을 마을공동체로 만들고 싶다는 꿈이 맨 먼저 마을 도서관으로 그 모습을 드러낸 것이다. 역시 마을 오지라퍼로서 도서관건립추진위원장을 맡았던 김소영 성대골어린 이도서관 관장은 이렇게 말한다.

"우리를 잘 아는 사람들도 아니고, 우리가 도서관을 정말로 만들어 낼 거라는 확신도 없었을 텐데, 모금 통장에 돈이 쌓여가는 거예요. 이 것을 보고 이것은 나만이 꾸는 꿈이 아니라 마을 사람 모두가 꾸고 있 는 꿈이구나 하는 생각이 들었어요."

인구 2만 명이 넘는 지역임에도 도서관 하나 없던 성대골에는 이후 구립 도서관 두 개가 더 만들어졌다. 기적과도 같은 일이었다. 이에 자 신을 얻은 유호근 씨는 마을에서 일자리 등을 해결할 수 있는 협동조합 프로젝트를 본격적으로 가동했다.

"안 되는 게 아니고 하지 않은 것이었어요. 마을 사람들의 일자리를 어떻게 만들 것인지 고민하다가 협동조합을 생각했어요. 처음에는 사 람들에게 협동조합으로 뭐든 할 수 있다고 하니 너무 이상적이라며 가 능하겠느냐는 반응이 대부분이었죠. 새로운 사회를 만들기 위해선 먼 저 이런 부정적인 마음을 긍정적으로 되돌리는 것이 중요해요. 그러고 나서 그것을 위해 할 수 있는 방법을 찾는 게 사회 혁신이라고 생각합니다. 생명이 살아있는 마을, 이웃과 관계를 맺어 서로 연결된 공동체적인 마을을 만들어보자, 그래서 일자리도 마련하고 협동의 문화도 만들수 있는 하나의 도구로서 협동조합을 해보자고 설득했어요."

마을이기에 가능한 것, 협동조합

마을에서 협동조합을 만든다는 발상은 아주 간단한 데서 나왔다. 협동조합을 할 수 있는 자원이 "동네 안에 다 있다!"는 것이다.

자기가 단지 알지 못하는 것을 없다고 하거나 해보지 않은 것을 불가능하다고 여기는 습성이 우리에게 있다고 유호근 씨는 지적한다. "없다" "불가능하다"고 단정해 놓고서 시도조차 해볼 생각을 하지 않는다는 것이다. 협동조합도 마찬가지였다. 그런 걸 할 만한 자원이 없다고 미리 판단하거나 해보지도 않고 불가능하다고 하기에 앞서 자신들이 사는 마을을 제대로 둘러볼 필요가 있었다.

유호근 씨는 결국 그런 부정적인 생각이 편견에 불과하다는 것을 증명해 보였다. 그는 협동조합을 만들기로 하고 사람들한테서 출자금을 모으기 시작했다. 출자 한 구좌당 300만 원, 배당을 주지 않으며, 운영위원회 회의에도 꼬박꼬박 나와야 한다는 조건이었다. 이런 악조건(?)에도 마을 사람들의 사랑방인 마을 카페 사이시옷이 첫 번째 협동조합으로 만들어졌고, 이후 목공소인 '별난공작소', 상담소인 '우리동네 마을상담센터', 교육 협동조합인 '우리모여 청소년센터', 지역 아동 센터의 단체 급식을 담당하는 '노나매기 단체급식협동조합' 등이 뒤를 이었다. 희망동네가 오랫동안 성대골 사람들과 쌓아온 신뢰 덕분이었다.

예상대로 처음에는 "그런 걸 누가 해?"라는 말을 많이 들었다. 그럼에도 출자금이 큰 어려움 없이 다 모였고, 협동조합 다섯 개가 탄생할 수 있었다. 직접 협동조합이 만들어진 것을 목격하자 마을 사람들의 태도도 이전과는 달라졌다. 어떤 협동조합이 될지는 모르지만 앞으로 더 만들어질 협동조합에 출자하겠다는 대기자가 줄을 설 정도였다. 협동과 신뢰의 문화가 성대골에 젖어들었다는 증거였다. 유호근 씨는 그 이유를 이렇게 설명한다.

"협동이 언제 잘되느냐? 자신의 것을 먼저 내놓을 때 잘됩니다. 서로 내놓으면 더 잘되는 거죠. 자본주의 사회는 내놓으면 손해라고 가르치잖아요. 그런데 이어가려고 하면 협동은 실패합니다. 그동안 희망동네는 적게 가져가면서 일을 해왔고, 그런 것에 대한 마을 주민들의 신뢰가 힘이 되었다고 생각합니다. 신뢰를 쌓기 위해서는, 빤한 이야기이긴 한데, 진심으로 노력할 필요가 있고, 기꺼이 내놓을 수 있어야 합니다. 그러면서 신뢰를 쌓은 것이 지금 가장 큰 자산이 된 게 아닌가 싶어요. 협동조합도 그래서 가능했던 거고요."

앞서 언급한 대로 성대골의 협동조합 1호점은 2010년 12월 만들어진 마을카페 사이시옷이다. '주민의 힘으로 만든 마을 사랑방'이었다. '협동조합기본법'이 시행되기 전 17명의 출자자가 300만 원씩 5,100만 원을 모아 만든, 협동조합 방식으로 운영되는 카페였다. 마을 카페

로 주민들의 사랑을 받아온 이곳은 이른바 '시즌 2'를 맞게 되었는데, '99+You, 100명의 동네 친구 만들기'라는 프로젝트를 통해 1인당 출자금 50만 원씩 100명의 조합원을 모아 인문학 카페 사이시옷으로 재탄생한 것이다.

2호점인 '성대골 별난공작소'는 1호점인 마을 카페 사이시옷에서 꼬리를 물고 생겨난 경우이다. 마을 목수가 한 사이시옷의 인테리어를 보고 목공을 배우고 싶다는 사람들이 생겼고, 그 결과 이 별난공작소가 생긴 것이다. 마을에서 필요한 것을 뚝딱뚝딱 만들기도 하고 마을 사람들을 위한 목공 강습도 하며 청소년들을 위한 가구 만들기 교실도 연다.

3호점은 '우리동네 마을상담센터'다. 주민들이 찾아와 고민을 털어놓고 전문가의 상담을 받는 곳이다.

이쯤해서 마을의 협동조합 아이템을 찾는 팁을 들어보자. 유호근 씨의 말이다.

"마을에 숨은 아이템이 무척 많습니다. 3호점은 주부들이 보여주는 공통점에서 협동조합 아이템을 찾은 경우예요. 주부들은 진지한 얘기를 하면 열에 아홉은 웁니다. 거기서 팁을 얻어, 생활 상담을 할 수 있는 '빨래터 상담가'를 만들자고 했죠. 이를 위해서 워크숍도 했는데 상담을 통해서 치유가 이루어진다는 것을 확인했어요. 치유·성장·확산을 통한 치유 공동체를 만들기로 한 거죠. 그 방법으로 협동조합을 만들었고요. 나와 친한 사람들이 칭얼대는 내용이 곧 협동조합의 아이템이에요. 가까운 사람이 하는 이야기는 흘리고 엉뚱한 곳에서 보물을 찾으려 할 필요가 없는 거죠. 아이템, 재능, 재원이 마을에 다 있습니다."

4호점은 취약 계층의 중학생들에게 돌봄 서비스를 제공하는 '우리 모여 청소년센터'이며, 5호점 '노나매기 단체급식협동조합'은 지역 아동 센터에 단체 급식을 제공한다. 모두 마을의 작은 필요에서 생겨난 협동조합들이다.

성대골의 희망동네가 만들거나 관계하고 있는 협동조합들은 지역과 함께하고 있다는 점이 특징이다. 매달 20만 원씩 지역 복지 기금을 모아 벌써 1천만 원가량 적립해 놓고 있다. 정부나 지방 자치 단체 등 관공서가 주는 1억 원보다 마을의 땀으로 일군 1천만 원이 훨씬 소중하다고 그들은 말한다.

그렇다면 성대골 마을 사람들이 꿈꾸는 '협동조합 거리'는 어떤 모습일까? 유호근 씨를 통해 들어보았다.

"지역 사회에서 작지만 끊임없이 어떤 시도를 하고 성과가 모이면서 자신감이 생기고 있습니다. 사람들은 협동조합원이 될 마음의 준비를 하고 있더라고요. 돈이 모이는 속도가 더 빨라지고 있어요. 배당을 주지 않는데도 말이죠. 아는 분이 그걸 '돌려받을 수 있는 기부금'이라고 표현하라고 권하더군요. 돌려받을 수 있는 기부금을 우리는 계속 모으고 있습니다. 우리는 협동조합을 열 개 이상 만들고자 합니다. 우리는 그렇게 협동의 거리를 꿈꾸고 있고, 그렇게 복지 공동체, 더불어 사는 마을공동체를 만들고자 합니다."

재미있는 것은 희망동네가 만들고자 한 협동조합을 만들지 못한 적이 단 한 번도 없다는 사실이다. 인디언들의 기우제가 실패한 적이 없는 것과 같은 맥락이다. 인디언들은 비가 올 때까지 기우제를 지냈다던가? 희망동네가 일하는 방식도 마찬가지다. 마을에서 꼭 해야 하는 일이라는 생각에 절대 포기하지 않는다. 시간이 걸릴망정 되지 않은 일은 없다. 물론 마을에서의 일상과 삶은 갈등과 고통도 따르게 마련이지만, 그래도 그들은 될 때까지 한다는 각오로 마을에서 협동과 연대를 계속 추진하고 있다.

그것을 위하여 마을에 필요한 것은 균형이다. 협동조합은 그런 균형을 가능하게 만든다. 협동조합을 제대로 꾸려가기 위해서는 민주적인 운영이 필요하고 조합원 사이의 의사소통이 중요하기 때문이다. 한 사람만의 힘으로 잘 돌아가는 것은 협동조합이 아니다.

물론 모든 조합원이 평등한 관계를 맺는 협동조합이라고 해서 리더십이 필요 없는 것은 아니다. 협동조합 도시(마을)이자 협동조합 기업 집단인 몬드라곤*의 경우는 그 점을 잘 보여준다. 호세 마리아 신부의 리더십과 열정, 헌신이 토대가 되었기에 몬드라곤은 지금의 업적을 이룰수 있었다. 그러려면 협동과 리더십에 대한 충분한 토론과 합의가 있어야 한다. 물론 리더는 각 조합원에게 어떤 영역을 위임할 것인지 시스템을 만들어가는 것이 중요하다. 협동조합을 제대로 하고 싶을수록 리

---

* 1956년 호세 마리아 신부가 세운 난로 공장에서 출발했다. 제조업을 비롯해 금융·유통·지식 정보 부문을 중심으로 120개 자회사(협동조합)를 운영중이다. 고용 규모를 놓고 보면, 스페인 재계 5위의 대기업이다. 모든 직원이 조합원이자 동시에 주인으로, 조합원을 해고하는 일이 없다.

더십이 더욱 강조될 필요가 있다.

3·11 후쿠시마 이후, 에너지 자립을 꿈꾸다

성대골의 또 다른 자랑이라면 '에너지 자립'을 들 수 있다. 2011년 3월 일본의 후쿠시마 원전 폭발 사태가 계기가 되었다. 원전 사고에 대한 우려와 원자력을 에너지로 사용하는 것에 대한 경각심이 성대골에서도 예외 없이 터져 나왔다. "아, 우리도 지금 이대로는 안 돼! 그리고 지금이 아니면 안 돼!" 어린이도서관을 사랑방처럼 이용하던 열다섯 명의 자원 봉사자들이 먼저 목소리를 모았다. 그들은 2011년 9월, 전기와 수도 등 일상에서 쉽게 할 수 있는 에너지 절약부터 해나가기로 하고, 이를 생활화하는 데 앞장서는 '에너지 지킴이'가 되기로 결의(!)했다.

이들은 "에너지 절약이 곧 에너지 생산"이라는 기치를 내걸고 '성대골 절전소'를 만들었다. 설비를 갖춘 절전소를 만들었다는 말이 아니라, 각자의 집에서 얼마나 에너지 절약을 할 수 있는지 보여주는 전기 사용량 현황판을 절전소로 표현한 것이다. 마을 내부의 에너지는 게이지를 올리고 화석 에너지 사용 게이지는 줄이는 두 마리 토끼 잡기에 나섰다. 열다섯 명에서 시작한 에너지 지킴이들은 50가구 이상으로 늘었고 지금도 계속 늘어나는 추세이다.

아울러 2011년 3월 일본 후쿠시마 원전 폭발을 계기로 마을의 에너지 운동을 위해 노력해 온 성대골 주민 30여 명이 모여 '마을닷살림'이라는 협동조합형 마을 기업*을 만들었다. 마을닷살림은 주택 에너지 효율화 사업, 에너지 진단 및 교육, LED, 태양광 시설 등 에너지 절약과 생산과 관련한 지원과 컨설팅을 하는 것은 물론 LED 전구, 멀티탭, 단열재 등 에너지 효율을 높이고 에너지 소비를 줄일 수 있는 각종 제품을 파는 '에너지슈퍼마켓'을 운영하고 있다. 이밖에 학교 등 지역 내 다양한 주체들과 연계를 맺고 태양광을 에너지원으로 활용하는 햇빛 발전소를 추진하는 등 성대골은 서울의 대표적인 에너지 자립 마을로 자리를 잡아가고 있다.

에너지를 문화와 접목하는 움직임도 있다. 마을 아이들과 함께하는 '착한에너지합창단'이 꾸려진 것이다. 합창단은 마을 축제나 각종 이벤트에 참여, 노래를 통해서 에너지 절약의 전도사로 나서고 있다. 더 나아가 에너지 관련 교육 프로그램을 신행하는 '성대골 마을·에너지학교'도 만들었다.

성대골의 이런 노력이 인정을 받아 서울시 환경상 대상을 수상하였고, 서울시가 지정한 '에너지자립마을 관광투어코스'도 만들어지고 있다. 그런 노력 덕분에 성대골은 '에너지 비만'이 없는 마을이 되고 있다. 이들의 노력과 성과가 여기저기 많은 마을로 퍼져나가서 전국적으로 에너지 절약 운동이 확산된다면 원전에 의존하려는 국가 정책도 방향

---

* 지역 공동체에 산재해 있는 각종 향토, 문화, 자연 자원 같은 특화 자원을 이용하여 안정적인 소득과 일자리를 창출하는 마을 단위 기업으로, 행정자치부와 서울시 등에서 마을 기업 공모를 통해 심사 후 마을 기업으로 선정되면 사업비 등 각종 지원을 받을 수 있다.

을 재고할 수 있을 것이다.

마을 주민들이 스스로 자신들에게 필요한 것을 찾아내고 그것을 직접 현실에서 이뤄나갈 때 그 힘이 얼마나 커질 수 있는지 성대골은 보여주고 있다. 주민들 한 사람 한 사람이 활동가로 참여하여 일상의 사소한 것들을 변화시켜 나아갈 때 마을 전체의 삶의 방식이 어떻게 바뀌는지도 보여준다. 성대골 마을공동체는 그렇게 함께 꾸는 꿈을 통해서 협동조합 확산에 기여할 뿐 아니라 다양한 에너지를 발산하고 있다. 그리고 그 에너지가 마을을 반짝반짝 빛나게 한다.

박재동의 마을 생각 2

말과 양과 그녀가
있으면 천국이라네

박재동

벌써 꽤 오래전 일이다. 영화 관련 일로 실크로드를 여행하던 때다. 우리는 여러 명이 한 팀을 이뤄 중국의 베이징, 시안, 난저우, 둔황을 지나 화염산이 있는 투르판을 거쳐 텐산산맥에 둘러싸인 율두스 대초원으로 들어가게 되었다.

율두스란 별이란 뜻이다. 그 별 초원은 과연 높이 있어서 평균 해발이 2,500미터, 백두산만큼이나 높았다. 거기에 바양블라크라는 이름의 강이 흘렀다. 바양블라크는 천학天鶴, 곧 '하늘의 학'이란 뜻이다. 그 강을 따라가자니 이따금 노인 한 명이 말을 타고 졸면서 지나가고, 바람 불어 풀이 누운 곳에서 말떼가 풀을 뜯고, 조금 더 가니 이번엔 양떼가 풀을 뜯고, 조금 더 가다 보니 작은 마을이 나타났다. 칼로 베면 파란 물이 쏟아질 것같이 새파란 하늘이 계속되다가 마침내 그 천학의 강이 끝

118

나 엉킬 때쯤 강의 흐름이 끝이 났다. 그곳을 바양블라크 호수라고 불렀다. 천학의 고향! 세상 모든 학들이 모두 여기에서 날아갔다가 여기로 돌아오는 곳!

우리는 그 경치에 취해 놀다가 노을이 질 때 어디선가 참으로 아름다운 노랫소리가 들려 홀린 듯 따라가게 되었다. 눈먼 소년 하나가 하얀 말을 타고 노래를 부르고 있었다. 그 노랫소리가 얼마나 아름다운지 모두들 숨죽여 눈물을 흘렸다. 나중에 알고 보니 몽골계 중국인 음악가 텅커얼이 만들고 부른 〈톈탕(天堂)〉이라는 노래였다. 그 노래의 가사는 이랬다.

푸르고 푸른 하늘,
푸르고 푸른 초원,
푸르고 푸른 호수,
여기는 나의 집.

달리는 준마,
새하얀 양떼,
그리고 그녀,
여기는 나의 집.

사랑해,

나의 집,

나의 집,

나의 천국(천당)이여!

관광객에게 말을 빌려주는 일을 하며 먹고사는 이들, 우리와는 비교할 수 없이 가난하지만, 말과 양과 그녀만 있으면 거기는 천국이란다. 그들은 천국에 살고 있는 것이었다. 그들보다 백 배, 천 배 많은 돈을 갖고 있는 우리지만, 우리가 사는 이곳이 천국이라고 말하는 사람이 얼마나 되랴! 우리는 우리가 사는 곳을 천국이라고 부를 수는 없는 것일까? 나는 마을 이야기가 나오면 이 장면과 노래가 생각이 난다.

5

우리는
마을에서,
말한다

마을 미디어가 필요한 이유

마을을 담는 신문의 분투기

마을 신문 《도봉 N》

마을 신문에 대해서 뭘 알고 시작한 것은 아니었다. 처음에는 아무런 감도 없었고, 어떻게 해야 할지 막막하기만 했다. 마을 신문이란 게 만드는 사람이나 보는 사람이나 재미있지 않을까, 마을에 필요하지 않을까 해서 한번 해보기로 의기투합한 것이 전부였다. 서울 도봉구의 주민들을 상대로 한 마을 신문 《도봉 N》의 탄생은 그러니까 이걸로 뭘 해보자는 치밀한 의도나 계획을 가지고 시작한 것이 아니었다. 그러니 신문 발행 주기인 한 달이 이렇게 빨리 돌아온다는 것도, 돈이 이렇게 많이 든다는 것도 몰랐다. 기사를 쓰는 것이 참 힘든 일이라는 것도 기사를 써보고 나서야 알았다. 신문을 사람들 손에 쥐어주고 읽게 하는 배포 과정이 그렇게 중요한지도 미처 알지 못했다.

신문을 만들어서 배포하기까지 전 과정을 꼼꼼하게 다 따지고 시작했다면 아마 《도봉 N》은 세상에 나오지 못했을 것이다. 지금까지 5년 동안 꾸준히 신문을 내오기도 쉽지 않았을 것이다. 수익과 비용 등에서 일반적인 기업 경영이 요구하는 기준을 충족시킬 수 없었을 테니까. 자본주의 원리대로 이윤을 추구하는 회사가 아니라 마을 주민들이 함께 만드는 신문이었기에 가능한 일이었다. 신문을 만드는 주민들은 보수를 덜 받거나 무보수로 일을 하고 다른 주민들은 후원을 하기도 한다. 자본주의 방식과는 다른 점들이 이곳에 작동하고 있다.

그렇게 마을 신문을 내기 시작한 지 벌써 5년이 되었다. 마을 주민들이 주축이 되어 만드는 마을 신문은 3년을 넘기기 힘들다는 세간의 편견과 우려를 깬 햇수다. 창간 행사에서 최소한 100호까지 내보겠다는 호기어린 약속의 절반가량을 지켜서 2014년 11월 현재 49호까지 냈다.(창간준비호 1, 2호는 제외) 《도봉 N》은 어느 틈에 마을 신문의 대표 주자가 되었다.

자기가 살고 있는 지역의 소식을 마을 사람들이 직접 전하는 매체로서, 매스미디어와 1인 미디어가 놓치는 틈을 메우고 있는 마을 신문에는 기존의 매스미디어는 담을 수 없던 마을의 생생한 소식과 사람들의 구체적인 삶이 담겨 있다. 거대 미디어들에게 사건 사고나 미담의 대상화된 이미지로서만 소비됐던 마을과 주민이 대상이 아닌 주체가되어 자기 얼굴과 목소리를 담은 매체를 자신의 힘으로 만들고 있다. 내 삶과 직접적으로 연결된 사소한 우리의 이야기들을 들을 수 있으며 누구나 마을의 유명 인사가 되어 자기 이야기를 전할 수 있는 매체가 마을 신문이다.

마을 신문 해볼라꼬!

2009년, 마을 신문을 만들어보고 싶어 했던 도봉 주민들이 한 자리에 모였다. 그 자리에서 도봉에서 나고 자란 이창림 씨(현재 《도봉 N》 3대 발행인)가 마을 신문을 만들어보자며 '바람'을 불어넣었다. 평소부터 마을 미디어를 만들고 싶어 하던 그였다.

이전에도 이 지역에서는 마을 신문을 내기 위한 시도가 있었다. 2007년 사회복지공동기금회인 '사랑의 열매'의 자금 지원을 받은 도봉시민사회복지네트워크가 마을 소식지를 만들기 위한 기금을 편성해 놓았고, 이 기금을 활용해 마을 소식지 1만 부를 찍자고 논의까지 되었으나, 발행으로까지 나아가지는 못했다. 이듬해 다시 예산이 책정되었지만 역시 불발로 그쳤다. 돈만 있다고 쉬이 될 문제가 아니었다. 이를 만들 수 있는 사람들도 있고 일정 시간을 투자해야 가능한 일인데 그것들을 확보하기가 쉽지 않았다.

그렇게 마을 신문 만들기가 어렵나 보다 하고 다들 포기하고 있던 찰나, 이창림 씨가 작은 불씨나마 다시 지펴보고자 한 것이다. 도봉의 한 칼국수 가게에 모인 주민 여섯 명 앞에 이창림 씨가 간단한 사업 계획서를 들이밀었다. 다행히도 뜻이 모아졌고, 이들은 다시 주변 사람들을 하나둘 끌어들이기 시작했다. 그런데 이번에는 뭔가 달랐다. 외부의 어떤 지원도 없고 기금도 마련돼 있지 않은 맨바닥이나 다름없는 상태였지만 가능성의 불씨가 슬슬 타오르기 시작했다. 이창림 씨는 그때를 이렇게 회고했다.

"마을 신문에 관심을 둔 사람들, 그중에서도 자기 일 하는 데 크게 부담이 없는 사람들을 꼬드겼어요. 신문 발행이 아니라도 뭔가 딴짓 하기를 좋아하는 사람들요. 동네에 사는 현직 일간지 기자가 도움을 주기는 했지만, 우리는 신문 제작 시스템을 잘 아는 사람들이 아니라서 십여 명이 모여 공부를 하기 시작했어요. 기자를 초청해서 신문에 대한 강연도 듣고, 신문 제작을 위해 내부에서 할 수 있는 일들이 뭔지도 알아가기 시작했죠."

사람들이 조금씩 모여들었고, 아무것도 없는 맨바닥에 구조물이 하나둘 세워졌다. 각자 가진 재능에 따라 업무를 나누면서 《도봉 N》의 밑그림이 그려졌다. 그렇게 애를 써도 쉽지 않던 것이 어느 순간 급물살을 타기 시작했다. 신기한 일이었다.

얼밍과 열의가 보이자, 불씨는 점점 화롯불로 커져나갔다. 결국 마을 신문이 나오기도 전에 사건(?)을 터트렸다. 아직 실체도 없는 신문사 주최로 동네 마라톤 대회를 열게 된 것이다. 연유는 이러했다.

마을 신문을 준비하던 사람들끼리 한 신문사가 주최하는 마라톤 대회에 나가기로 했다. 막상 날짜가 다가오자 다른 마음이 싹텄다. 마라톤 대회장이 마포구 상암동에 있었는데 도봉에서 그곳까지 가는 게 살짝 억울하다는 생각이 들었다. '우리가 꼭 거기까지 가서 뛰어야 해? 차라리 우리가 직접 동네 마라톤 대회를 열면 어떨까?'

그런 생각들이 결국 일을 저질렀다. 마을 신문 창간 명분을 내걸고 동네 마라톤 대회를 열기로 한 것이다. 그 결과 '마을 신문을 준비하는 사람들' 주최로 2009년 4월 '제1회 어깨동무 마라톤 대회'가 열렸다. 뜬 금없는 동네 마라톤 대회가 신기했던지 주민들이 모여들었다. 마라톤 대회는 그저 명분이고 다들 그렇게 어떤 계기로든 만나고 싶었던 건지 도 모르겠다. 이날, 신문 발행 기금으로 10만 원을 모으는 '쾌거'도 이루 었다. 마을 신문의 실체도 없고, 하겠다는 의지만 있는 이들에게 주민들 이 모아준 그 돈은 비록 액수는 적었지만 의미는 컸다.

점점 마을 신문이 꼴을 갖춰나갔다. 지역 사회에서 신망을 받고 있 는 시민 단체 활동가 홍은정 씨가 초대 발행인이 되었다. 그는《도봉 N》 의 초기를 이렇게 설명한다.

"초반 몇 달 동안 회의는 일주일에 한 번 이상, 한 달에 네다섯 번을 모여서 했어요. 그렇게 회의를 하면서도 회의가 끝나 집에 갈 때는 정 말 우리가 신문을 만들 수 있을까 의문이 끊이지 않았죠. 그래서 마음 편히 그냥 한번 시작해 보자, 우리가 하고 싶은 이야기, 또 이웃들이 하 고 싶어 하는 이야기를 모아서 일단 저질러보자, 그렇게 해서 2009년 6 월 16일 처음 신문을 냈습니다."

창간 준비호였다. 정말로 마을 신문을 낼 수 있는지, 내도 될 것인지 스스로를 시험해 보기 위해서였다. 주민들의 반응도 살피고 싶었다. 운 영위원회, 편집위원회, 시민 기자, 배포 자원 활동가, 후원자를 비롯해 주민 독자들과 함께 마음을 모아 낸 첫 신문이었다.

창간 준비호를 '의외로' 잘 만들었다는 소리가 들려왔고, 기대 이상 의 반응과 관심이 쏟아졌다. 마을 사람의 이야기에 집중한 것이 주효했다. 이에 신이 난 《도봉 N》은 다음 달인 7월에 창간 준비 2호를 내놨다. 마침내 9월에는 창간호를 냈다. 포부도 당당하게 1만 5천 부를 찍었다. 도봉구 주민이 36만여 명, 세대수로는 13만 가구, 열 가구당 한 가구 정도는 《도봉 N》을 봤으면 좋겠다는 바람으로 찍은 부수였다.

마을 신문 하나 해보자는 이창림 씨 등의 소박한 바람이 이루어진 순간이었다. 물론 시작이 곧 전부는 아니지만, 마을 신문 덕분에 마을에서 할 수 있는 일이 하나 더 늘어나면서 마을살이가 좀 더 재미있어졌다. 기획, 취재, 편집, 제작, 배포, 후원을 스스로의 힘으로 다 하는 마을 신문이 안겨준 선물이었다.

《도봉 N》, 도봉 사람들을 담다

《도봉 N》의 장점은 주민의, 주민에 의한, 주민을 위한 신문이라는 데 있었다. 2대 발행인인 유성종 씨의 말이 이것을 대변한다.

"이른바 '중앙 언론'은 동네의 사소한 일상을 다루지 않잖아요. 동네의 일상이 우리에게는 중요한데 중앙 언론에게는 사소한 것들이라 다뤄지지 않죠. 신문이 다루는 소재는 사람이어야 하는데, 중앙 언론에서는 사람이 아닌 사건 사고 중심이고요. 늘 그런 것에 불만이 있었어요. 그런데 마을 신문이라면 이런 것을 할 수 있지 않을까 생각한 거죠."

실제로 《도봉 N》은 주민 한 명 한 명에 집중하는 전략을 택했다. 마을 신문이 가장 잘할 수 있을 것이 바로 그것이라고 보았다. 그래서 주민 인터뷰 코너인 《도봉 N》이 만난 사람들'에는 지역 어디서나 쉽게 만날 수 있는 이들의 이야기가 실린다. 통째로 인터뷰 기사로만 채웠다. 필요하면 밀착 취재도 했다. 교통사고로 팔을 거의 쓸 수 없는 몸인데도 폐지를 주워 근근이 살아가는 주민을 따라 다니면서 기사를 쓰기도 했다. 시민 기자의 취재 기사가 '특종'이 된 것도 있었다. 도봉 지역에 기업형 슈퍼마켓SSM이 들어선다는 소식을 듣고 취재해서 기사를 올렸다. 그 기사가 나가고 며칠 뒤 전국 단위 일간지에 SSM 관련 첫 기사가 나오면서 이 문제가 이슈가 되기 시작했다. 주민과 마을에 밀착해 있었기에 누구보다 빨리 정보를 얻고 취재한 경우였다.

《도봉 N》은 마을에서 벌어진 사소한 일도 놓치지 않고 신문에 담아냈다. 아이들이 쓴 시가 실리기도 했는데, 그럴 때면 아이들은 신문이 언제 나오느냐고 보채곤 했다. 내 이야기, 우리 이야기가 실리는 신문, 마을 사람들이 관심을 가질 만한 이유가 있었다. 물론 이렇게 사소한 일상을 신문에 담아내는 것이 마냥 쉽지는 않았다. 이창림 씨는 한숨을 쉬면서도 그것을 상쇄할 만한 즐거움이 있다며 이렇게 말했다.

"신문을 낸다는 건 너무 힘들어요. 그래서 신문 두 번 내고 한 번 놀아요. 놀 때 우리는 가족 단위로 모이는 걸 장려합니다. 싱글이 소외받는 감이 있긴 한데, 회의도 집에서 많이 해요. 우리가 잘하는 게 '1회'예요. 다음에 계속 그 행사를 한다고 정하질 않아요. 마라톤, 운동회, 김장 모임 등 다음에 그것을 또 해야 한다는 강박이 없죠. 하고 싶으면 하는 거고, 하기 싫은데 억지로 하는 건 없어요. 다행히 지금까지 적자는 없어요. 100~200만 원 적자 난 것은 후원 주점 열어서 메우곤 했거든요.”

하지만 왜 위기가 없었을까?《도봉 N》이 큰 적자를 내지 않은 것은 상근자 없이 각자 생업을 가진 가운데 가욋일로 신문을 만들었기 때문이다. 사무실도 따로 없었다. 하지만 그런 방식으로 일을 한다는 게 생각만큼 쉽지 않았다. 신문 기획과 제작을 위해 한 번씩 모이는 일도 큰일이었다. 후원 주점을 연 것도 적자를 덜기 위한 고육지책이었다. 한 달에 10만 원 안팎의 적자가 쌓이면서 2년째 되는 해에는 적자액이 100만 원가량으로 늘어났다. 1만 5천 부나 되는 양을 배포하는 것도 힘들었다. 운영과 취재, 제작, 배포 등 여러 가지 면에서 안정적인 기반을 마련하기가 쉽지 않았다. 이런 이유들로 발행 부수를 1만 부로 줄였다.

생업이 아닌 일에 시간과 열정을 쏟는다는 건 결코 쉽지 않은 일이다. 더구나 운영은 어렵고 일은 힘드니 쉬 지치고 회의감이 들 때도 많다. 우리가 지금 잘하고 있는 것인지 질문을 던지기도 하고, 우리가 언제까지 이 일을 계속할 수 있을지 의문도 생긴다. 그것이 정상이다. 세상 모든 일은 그런 자문과 성찰의 시간을 거치면서 고비를 넘어서기도 하고 혹은 넘어져 멈추기도 하니까.

《도봉 N》은 다행히도 위기의 순간들을 넘기며 마을 신문을 매개로 사람들과 만나는 일을 멈추지 않고 있다. 두 차례에 걸친 후원 주점 행사를 통해 주민들이 마을 신문에 애정이 있다는 걸 확인하면서 힘을 얻기도 했다. 이런 과정을 거치며 힘들다는 생각을 털고 피로감을 떨쳐냈다. 이창림 씨는 이렇게 말한다.

"마을 신문을 만드는 전반적인 기조는 느슨함이에요. 편집위원들은 꾸준히 신문 발행 실무에 참여하고, 운영위원들은 1년에 한두 번 모여 방향 등을 얘기하면서 합을 맞추고 있어요. 약간의 들고남이 있지만 보통 열다섯 명 안팎이 모여서 일을 해요. 그중 10여 명은 붙박이고요. 요즘은 '마을예술창작소 창고'의 스튜디오를 빌려서 주로 그곳에서 일을 하고 있어요. 《도봉 N》이 이곳 회원으로 한 달에 5만 원씩 후원하면서 저희도 그쪽으로부터 도움을 받게 된 건데, 이렇게 서로 상생의 길을 찾고 있습니다."

《도봉 N》은 신문을 만드는 일만 하지 않는다. 주민들을 서로 만나게 하고 엮는 일에도 나선다. 마을 신문이기에 가능한 일이다. 예를 들어 주민들을 모아 강화도 역사·평화 기행을 가기도 하고, 도봉구 쌍문동과 강북구 우이동을 잇는 고개 우이령 걷기 대회를 열기도 하고, 조기 축구회와 함께 마을 운동회를 열기도 했다. 평소 만날 일이 없는 사람들을 서로 만나게 하자는 의미였다. 이를 통해 새롭게 알게 된 사람도 많고 마을 일에 관심은 있는데 어떻게 참여해야 할지 모르겠다는 사람들을 품을 수도 있었다.

늘 재밌고 즐거운 만남을 궁리하다 보면 그런 관심이 자연스레 마을의 다양한 활동으로 이어지기도 한다. 예컨대 와인, 커피, 드로잉, 재즈, 힙합, 여행, 동물 복지 등에 대해 배우는 《도봉 N》좋아서 하는 강좌'를 마을 안 북카페를 빌려서 열었는데, 이것이 그 마을 북카페의 인기 콘텐츠로 자리를 잡자 다른 북카페에서도 하고 싶다는 요청이 들어왔다. 강좌를 열면 주민들을 직접 만나 마을 신문도 알릴 수 있고, 강좌에 참석한 주민을 인터뷰해서 신문에 실을 수도 있으니 일석이조였다.

이쯤 되면 궁금증이 일 수도 있겠다. '신문 한 번 내는 데 돈은 얼마나 들고, 수익은 어떻게 나지?' 수익 구조는 별다른 것이 없다. 광고비와 후원금에 주로 기대고 있다.

"제호 옆에 붙는 광고가 가장 비싼데, 한 번은 도봉 지역 자활 센터에서 교육을 받고 창업한 여성들한테서 광고 의뢰가 왔어요. 사정을 듣고 단돈 3만 원에 광고를 실어줬지요.(웃음) 우리 신문이 광고 효과가 있을까 늘 궁금했는데, 간간이 전화를 해서 광고 문의를 하는 분들이 있더라고요. 초기엔 1만 원을 내면 조그맣게 광고를 내주는 '만원의 행복'이라는 광고란도 있었는데, 1년 정도 하다가 채워나가기가 어려워 그만뒀어요. 광고비가 한 달에 100만 원을 넘을 때도 있고, 적을 땐 30~40만 원 정도일 때도 있어요. 1년 경비의 3분의 1은 광고비, 3분의 1은 후원금, 그리고 나머지는 어떻게든 채워요. 기본적으로 신문 발행 비용이 낮아요. 한 호당 인쇄비 등 제작비로 70만 원, 마을 신문 제작 일을 돕는 사람들에게 주는 활동비 50만 원, 발송비 조금 해서 한 달에 150만 원이면 충분히 신문을 냅니다."

《도봉 N》은 진화한다, 계속!

《도봉 N》이 가진 콘셉트는 간단하다. "마을 미디어를 통로삼아 주민들을 만나자." 마을 활동을 하다 보면 소통하고 공유하고 싶은 게 많이 생긴다. 혹은 마을에 재밌는 일이 많은데 전달이 안 돼 안타까운 경우도 있고, 하고 싶은 말을 못해서 잘못된 일이 어물쩍 넘어가는 경우도 발생한다. 그런 것을 매스미디어나 1인 미디어로 푸는 데는 한계가 있다. 그러나 마을 미디어라면 가능하다. 아울러 《도봉 N》은 힘없는 사람들과 더불어 살아가고자 하는 마음이 신문에 담기기를 바란다. 다양한 미디어 실험도 이뤄진다. 말이 실험이지, 하고 싶은 일이면 일단 한다는 것이 이창림 씨의 설명이다.

"우리는 뭔가 하고 싶어 하는 사람이 생기면 그것을 한다는 원칙도 있어요. 팟캐스트를 하고 싶다는 사람이 있어 지금 팟캐스트도 하고 있는데요, 처음 신문을 내면서 100호까지 내보자고 약속했고, 영상, 라디오 등으로 확장해 가는 것도 염두에 두자고 했는데 4년 만에 하게 됐어요. 그것도 우연이었습니다. 마을에서 영상 작업하는 분을 만나 영상과 팟캐스트를 하게 된 거거든요. 마을 사람이 강사로 나서니 외부 사람을 부르는 것보다 훨씬 쉽고 주민들도 좋아해요. 강의 후에도 계속 관계를 맺을 수 있고요. 지금 《도봉 N》은 신문, 영상, 미디어를 함께 하는 종편(종합 편성채널)이에요.(웃음) '마을 지향 종편'이라고 우리끼리 말하죠."

팟캐스트는 2013년 3월부터 시작했다. 동네 아저씨의 음악 방송 '선우 아빠의 After Hours', 축구에 관심 있는 청년들이 만들고 있는 'K리그 좌아', 떡집 사장 등 각기 직업이 다른 40대 김 씨 세 명이 진행하는 '이제는 3김 시대', 국내외 마을을 전화로 연결해서 인터뷰하거나 주민을 초대 손님으로 불러 이야기를 나누는 '월드와이드 마마톡' 등 마을 이야기가 차고 넘친다. 영상 제작도 빠지지 않는다. '톡톡 도마토리' '보이는 마을신문' 등을 계속 제작해서 유튜브 등을 통해 공개한다. '캐나다와 쿠바를 다녀온 동네 언니 여행기'처럼 마을 미디어가 아니면 만날 수 없는 이야기도 있다.

"《도봉 N》의 실험은 계속되고 있어요. 좌충우돌 우왕좌왕하면서요. 돈을 벌려고 하는 게 아니에요. 마을 사람들과 꾸준히 소통할 수 있는 틀을 만들고 있는 거죠. 어떤 사람을 찾고 등장시킬 것인지가 여전히 숙제로 남아 있는 것 같아요. 사람이 가장 큰 자산이니 이들을 잘 엮어야 하는데 신문 내는 데만 급급했다는 반성도 들고…… 관계를 엮어주는 일을 더 해야 하지 않을까 생각해요.

신문을 내면 그때그때 반응이 달라요. 앉아서 머리로 짜낸 기사나 인터넷, 전화로만 찾거나 듣고 쓴 기사는 반응이 별로지만 발품을 팔아서 쓴 기사는 반응이 좋아요. 사실 마을 신문을 종이로 내는 곳이 많지 않아요. 우리는 5년 넘게 종이 신문을 내고 있으니 특이한 경우인데, 이제 그만하자고 하다가도 연초에 워크숍을 가서는 희한하게 열심히 해보자는 분위기가 형성돼요. 박원순 서울시장도 구독료를 안 냈는데 신문을 보내드리고 있어요.(웃음)"

그렇다고 《도봉 N》이 마을 신문의 전형이라고는 하기 어렵다. 마을 신문의 정해진 모델이라는 게 있을 수 없기 때문이다. 무엇보다 지역이나 마을의 특성과 사람들의 성향을 파악하고 거기에 신문의 초점을 맞추는 일이 중요하다. 신문을 배포하는 것도 간단히 볼 일이 아니다. 배포를 꼼꼼히 하면 그것을 통해 취재거리를 물어오거나 주민과 가까워질 수 있으나 배포를 맡은 사람들도 각자 생업 때문에 시간을 충분히 낼 수 없다는 것이 못내 아쉽다.

지금 그들은 어떻게 하면 신문 제작에 투여되는 일의 양을 줄일 수 있을지 고민중이다. 예를 들어 현재 온라인은 오프라인 신문에 나간 기사들을 정리해서 올리는 정도인데, 거꾸로 온라인 판을 제대로 만든 뒤 이를 오프라인 신문으로 발행하는 구조도 검토하고 있고, 심층적인 기획 기사로만 신문을 만드는 쪽으로 체질을 개선하는 방안도 고려하는 중이다. 이 모두 신문을 계속해서 낼 수 있는 구조를 만들기 위해서다.

마을 신문을 만든다는 것이 결코 쉽지 않은 일이지만 동시에 재미나고 신나는 일이라는 것을 이들은 5년의 경험을 통해 깊이 체험했다. 아마도 이것이 어려운 여건에서도 계속 마을 신문을 만들고 싶어 하는 이유일 것이다. 이창림 씨는 지난 5년을 이렇게 정리한다.

"마을 사람들이 자기 소식을 전할 수 있는 도구가 있다는 것이 참 좋아요. 그런 생각을 하면 일이 더 즐겁죠. 새로운 사람 만날 수 있다는 것도 그렇고요. 함께 힘을 모아 한 호 한 호 냈을 때의 성취감도 빼놓을 수 없어요. 그런데 그것 빼고는 다 어렵네요.(웃음) 우리가 전문적으로 글을 써오던 사람들이 아닌데 독자들의 눈은 높아지고, 한정된 시간을 쪼개서 일을 하는 것도 힘이 들고요.

그렇다고 해서 돈이 생긴다고 다른 지원 사업을 받아서 하면 안 돼요. 그런 일 하느라고 에너지가 분산되면 더 힘들어지거든요. 그보다는 계속해서 우리가 왜 마을 신문을 만들고 싶어 하는지 고민하고 이야기하면서 안정적으로 신문을 낼 수 있는 방안을 찾고 구조를 만들어가야 해요. 오프라인 신문 말고도 다른 툴이 있으니 그런 것을 잘 활용해서 구조를 만들어봐야죠. 우리는 출발이 오프라인이라 그걸 갑자기 바꾸기 어려운 면도 있는데, 신문, 영상, 팟캐스트 등이 서로 유기적으로 엮이도록 만들어가야겠죠. 우리 스스로 답을 잘 찾아야 합니다.”

《도봉 N》은 미디어가 주민 개개인의 삶과 마을의 일상에 자연스레 스며든 좋은 예가 아닐까 싶다. 어려움이 있음에도 마을 신문은 서울뿐 아니라 전국 각지에서 하나둘 생겨나고 있다. 2014년 4월에는《도봉 N》이 다른 마을 신문들에게 제안하여 ‘전국마을신문네트워크’ 모임이 처음 열리기도 했다. 100명이 지리산에 모여 1박2일 동안 서로의 애환과 즐거움, 노하우 등을 함께 나눈 의미 있는 시간이었다.

《도봉 N》을 찾았을 때 그들 앞으로 전국 곳곳의 마을 신문이 배송되어 있는 것을 보고 문득 이런 생각이 들었다. 나 혹은 너의 이야기, 마을의 이야기를 시시콜콜 조곤조곤 들려주는 이 마을 신문들을 한 자리에서 볼 수 있다면 우리가 좀 더 서로를 연결된 존재로 인식하면서 살아갈 수 있지 않을까 하는. 지금 당장 내가 가볼 수 없는 곳에서 일어난 사소하지만 소중한 이야기를 만나고 싶어졌다.

마을 방송에 내가 나와서 정말 좋네~

성북마을방송 와보숑

서울 성북구에는 뉴스를 진행하는 앵커가 유난히 많다. 지상파나 케이블 방송사 관계자들이 성북에 많이 살아서가 아니다. 성북에 사는 주민이라면 누구나 앵커가 될 수 있기 때문이다. '성북마을방송 와보숑' 덕분이다. 와보숑은 "모든 주민이 앵커다"라는 슬로건대로 마을 주민 누구나 앵커로 초대한다.

장애인, 할아버지, 초·중·고등학생, 주부, 수녀, 교사, 헤어디자이너, 세탁소 주인, 음식점 셰프 등 와보숑의 앵커는 자격에 제한이 없다. 시험을 보는 것도 아니다. 내가 하고 싶으면 할 수 있다. 그런 까닭에 앵커를 하고 싶다는 사람이 줄을 서 있다. 어릴 때부터 읊던 동요 "텔레비전에 내가 나왔으면 정말 좋겠네~ ♪"가 실현되는 곳이 와보숑이다. 앵커뿐만이 아니다. 기자, 촬영감독, 연출자 등 방송을 만들어가는 모든 주체로 참여할 수 있다. 주민이 주체가 되고 주민 주도로 만들어지는 마을 방송이기에 이곳에는 다른 방송에서는 보고 들을 수 없는 이야기들이 있다.

서울의 대표적인 마을 방송으로 자리 잡고 있는 와보숑은 마을 이야기를 담은 마을 뉴스는 물론 예능이나 다큐 등의 다양한 프로그램을 만들고 있다. 영상물 외주 제작에도 나서 그들이 만든 영상물이 지상파를 통해 방영되기도 했다. 가능성을 보여주고 있다는 점에서 와보숑은 마을공동체가 얼마나 다양한 영역으로 스스로를 넓혀갈 수 있는지 보여주는 멋진 예라 하겠다.

와보숑, 만만하게 시작하다

와보숑은 스스로를 '만만한 방송국'이라고 부른다. 누구나 쉽게 접근할 수 있는데다 편안하고 즐겁게 방송을 만들고 볼 수 있다는 의미에서다.

와보숑을 시작하기 전 성북구에는 '함성'이라고 줄여 부르던 '함께하는 성북마당'이라는 주민 모임이 있었다. 2012년 성북구 내 다양한 시민 사회와 주민들이 함께 모여 신년하례회를 하던 자리에서 만들어진 성북의 마을공동체였다. 함성에서 미디어에 관심을 갖고 배우고 싶어 하는 사람들이 뭉쳐서 소모임을 만들었다. 이들은 서울마을미디어지원센터에서 기획하고 진행한 '우리마을 미디어문화교실'에 '시끌시끌성북이야기'라는 이름으로 참여해 교육을 받았다.

미디어를 배우는 과정은 무척 재미있었다. 미디어에 재미를 붙인 주민들은 '우리마을 미디어문화교실' 2기에도 참여했다. 그런 과정을 거치면서 주민이 직접 자신들의 목소리를 전하는 마을 방송을 만들어보자는 이야기가 나오기 시작했다. "우리 이야기를 신나고 재미있게 만들어보자. 더불어 사회 참여도 하면서!"

'성북마을방송 와보숑'이란 이름도 그때 정해졌다. 누군가 갑자기 '와보숑'이라는 이름을 제안했고, 이름이 가볍고 장난스런 느낌이 난다는 의견도 있었으나, 지금은 기억하기 좋아서 다들 만족해한다. 마을 방송의 플랫폼은 인터넷을 활용하기로 했다. 그렇게 해서 2013년 3월에 와보숑이 설립되었다. 와보숑을 협동조합으로 운영해 보자는 생각에 성북마을방송 협동조합설립준비위원회가 만들어졌다.

와보숑을 만드는 일은 일사천리로 진행되었다. '함성'은 물론 와보숑의 설립에도 깊게 관여하면서 많은 일을 한 이소영 와보숑 대표도 지금 돌아보면 깜짝 놀랄 정도라고 말한다. 그 역시도 영화를 만들고 싶은 꿈이 있었기에 와보숑에 적극 참여하게 되었다. 60대라는 나이가 무색할 정도로 이 일에 열심을 다했다.

"우리끼리 만나면 하는 얘기가 그래요. '어쩌다 여기까지 왔지?' 예상도 상상도 못한 일이에요.(웃음) 나는 영화광인데, 오래전부터 품어온 소원이 있었어요. 엔딩 크레디트에 내 이름을 올려보는 거요. 그래서 '우리마을 미디어문화교실'에서 영상 교육도 받은 거고요. 그러다가 우리가 배운 기술, 우리가 맺은 관계가 아까워서 마을 방송을 해보자고 했죠. 결국 그게 개국까지 이어졌고요."

와보숑 덕분에 이소영 씨는 자신의 꿈에 조금씩 다가가고 있다. 직접 영상이며 편집도 배우며 연출 공부까지 하고 있다. 십수 년 전 성북에 온 그는 함성과 와보숑을 시작하기 전에는 마을 도서관에서 아이들에게 책을 읽어주는 일도 하고 가정폭력보호소 쉼터에서 봉사 활동을 하기도 했다. 서울북부두레생협의 일을 보기도 했다. 그런 와중에도 놓지 않았던 꿈이 마을의 주민 모임에 참여하면서 꽃을 피우게 된 것이다. 그는 이제 성북을 변화시키는 마을의 리더 가운데 한 명이 되었다.

신나고 재미있는 와보숑

결과적으로 와보숑은 협동조합으로 만들어지지 않았다. 사업 구상을 하고 논의를 해나가는 과정에서 결사체로서는 충분하지만 사업체로서는 준비가 미흡하다고 판단을 내렸다. 협동조합 형태가 의미도 있고 사람들의 열정도 넘치긴 했지만, 사업체로서 재정을 마련하고 구체적인 일들을 지속적으로 꾸려가기엔 부족하다는 판단이 든 것이다. 협동조합으로 전환한다는 계획은 뒤로 미루었다. 우선 개국을 하고 2013년 4월 유튜브를 통해 성북마을뉴스 첫 회를 내보냈다.

그렇다면 방송 내용을 만드는 것이 어렵지 않느냐고? 천만에! 전혀 어렵지 않다. 방송이라고 했을 때 아마 자동으로 떠올리게 될 장치와 장비는 머리에서 지워도 좋다. 현란한 조명과 크고 무거운 카메라 장비, 뽀얀 분칠을 한 방송인과 PD, 작가 등이 들어가 있는 스튜디오는 마을 방송과 어울리지 않는다. 스튜디오는 마을 카페 한 구석이면 되고, 카메라는 가정용 캠코더면 족하다. 촬영할 때 반사판이 없으면 은박지를 깔고 씌우면 된다. 그래도 충분히 방송을 만들 수 있다. 마을에 사는 누구나 출연자가 될 수 있는 것도 장점이다.

와보숑은 성북마을뉴스를 격주로 만들고 있다. 매회 두세 개 꼭지로 마을 소식을 전한다. 1년을 넘어서면서 요령도 쌓이고 있다. 정해진 시간에 꾸준히 만들어야 한다는 것이 살짝 부담도 되지만, 그래도 만드는 과정 자체가 즐겁고 신난다. 마을 방송이기에 비용에 대한 부담 없이 그때그때 여건에 맞춘 제작이 가능한 측면도 있다. 즉흥적으로 누구나 섭외해서 출연시킬 수 있고 제작도 어디서나 손쉽게 할 수 있기 때문이다. 이런 일도 있었다.

야외 촬영차 정릉에 갔을 때다. 촬영 준비를 하는데, 아뿔싸 카메라에 배터리가 없었다. 애써 섭외한 앵커도 이미 와 있는 상태라 나중에 다시 오라고 할 수도 없는 노릇이었다. 정릉의 관리사무소에도 알아봤지만 해법이 쉬이 나오지 않았다. 이때 스태프 한 명이 능 옆에 있는 소화전에서 방법을 찾았다. 소화전에서 코드 꽂는 곳을 찾아 무사히 촬영을 마쳤다. 캠코더용 코드만 꼽으면 되니까 가능한 일이었다. 촬영장에 나온 모두가 한바탕 웃음을 터뜨렸다.

와보숑에서 가장 획기적인 시도라고 할 만한 것은 역시 첫머리에 언급한 것처럼 누구나 앵커로 참여시킨 일이다. 전문 앵커를 쓸 돈이

없어서 주민을 앵커로 참여시킨 것이 의외로 폭발적인 반응과 호응을 얻었다. 앵커로 참여한 주민들의 성취감과 만족감도 높았다. 막걸리 집에 회식을 가서 주인을 앵커로 나서게 하는 '미친 섭외력'도 이들의 자랑거리 중 하나다.

그 막걸리 집 주인장이 앵커로 나서서 촬영할 때의 일이다. 촬영을 마치고 편집을 해보니 잡음이 너무 심했다. 영업하는 가게에서 재촬영하기가 여간 미안한 것이 아니었다. 그럼에도 재촬영을 했는데 역시 잡음이 심했다. 잡음의 정체는 냉장고였다. 냉장고가 무려 다섯 개나 돌아가면서 큰 소음을 냈던 것이다. 한여름, 영업하는 가게에서 냉장고 다섯 개를 끄고 세 번째 촬영에 들어갔다. 주인이 이 모든 불편을 흔쾌히 감수한 것은 그도 영화감독을 해본 전력이 있기 때문이었다. 똑같은 내용으로 세 번의 재촬영을 거치는 과정에서 주인장은 어떤 불평불만도 하지 않았다. 이에 감동을 받은 와보숑이 가만있을 순 없었다. 이 사건 이후로 와보숑의 뒤풀이는 그 막걸리 집에서 늘 이루어지고 있다.

이런저런 에피소드들이 쌓여가는 만큼이나 마을 방송을 만드는 재미도 커지고 있다. 이소영 씨의 말이다.

"다들 재미있어요. 뉴스나 프로그램의 기획 회의를 할 때 카톡도 적극 활용하는데, 어떤 날은 카톡으로 회의하느라 밤을 새기도 했어요.(웃음) 다들 그렇게 즐거운 마음으로 회의에 임하는데 그게 다 내 일이고 우리 일이라고 여기기에 가능한 것 같아요. 그럴듯한 공간이나 장비가 있으면 좋겠지만 그런 게 꼭 중요한 것은 아닙니다. 열정과 의지, 곧 사람의 문제거든요. 그게 있으니 그 길지 않은 시간 동안 많은 영상물을 낼 수 있었던 거죠. 유튜브에 올린 영상을 보고 신문방송학과 학생들이 리포트를 쓰고 싶다며 찾아오기도 해요. 우리가 회의를 수다 떨듯이 해요. 아이디어가 좌충우돌 나오는데 이게 참 재미있다고 하더라고요. 회의하는 것 같지 않다면서."

집단 지성이 만들다

무엇보다 주민 주도와 주민 참여가 와보숑을 이끈다. 이소영 씨는 이것을 '집단 지성'이라고 표현한다. 주민들이 적극적인 의견을 내놓고 이것을 함께 조율하고 결론을 내놓기 때문이다. 이런 일도 있었다.

초반에 마을 뉴스를 만들면서 성북구 행사들 위주로 찍었더니 주민들로부터 문제 제기가 나왔다. 왜 뉴스 때마다 구청장 얼굴이 비치냐는 사람도 있었다. 그때부터 구청 행사 위주의 마을 뉴스를 지양했다. 그 대신 주민들이 살아가는 모습, 소소한 일상을 적극적으로 담았다. 그러자 자신들이 하고 있는 모임이나 동아리의 활동상을 찍어달라는 요청이 많이 들어왔다. 그러면서 와보숑은 성북의 명물이자 자랑거리가 되어갔다.

마을 뉴스를 기반으로 와보숑은 점점 방송의 범위를 넓혀가고 있다. 마을 토크쇼도 만들어졌다. 주민들의 일상을 공유하는 '아빠들의 수다'와 '언니들의 호박씨'가 그것이다. 진솔한 이야기가 술술 흘러나왔다.

'언니들의 호박씨'는 감동과 웃음을 함께 준 대표적인 프로그램으로 인기가 높다. 이소영 씨와 PD가 되고 싶은 20대 여성이 서로의 생각과 이야기를 나누기도 하고, 성공회의 여성 사제가 자신이 겪은 애환을 말할 때는 스태프들 모두 울음을 삼키기도 했다. 생리, 결혼 등 남자들은 알 수 없는 여자들만의 주제를 다루면서 불공정한 사회 구조에 대해 통렬한 비판을 가하기도 했다. 가슴속 이야기를 거르지 않고 내보냈다. 거대 미디어에서는 방송 심의 때문에 다룰 수 없는 이야기들이었다.

개성 있는 주민들을 찾아가는 '마을영상잡지 빌리진'도 사람 냄새가 물씬 나는 프로그램이다. 첫 회에는 40년 동안 세탁일을 해온 세탁소 주인이 등장했다. 그 세월 동안 세탁소에서 겪은 일들, 이를 사위에게 물려주는 과정과 심정 등을 방송으로 내보냈다. 이를 보고 여러 주민들이 감동적이라며 한 마디씩 응원을 보내기도 했다. "아, 이게 마을 미디어의 힘이군요."

무엇보다 주민들이 인정하는 마을 방송이라는 것이 와보숑의 가장 큰 자랑이다.

"누가 아기를 안고 뉴스를 진행할 수 있겠어요? 세상에 우리만이 할 수 있는 거죠. 마을 미디어만이 할 수 있는 방송을 만드는 것, 그게 우리가 갖고 있는 가장 큰 장점이 아닐까 싶어요. 의무감으로 마을공동체 사업을 하면 안 돼요. 당위나 의무가 아니라 재미가 있어야 한다고 생각합니다. 그래야 동력도 생기고, 아이디어도 떠오르고, 지속성도 생길 수 있거든요."

외주 제작 영상을 받아 방영하는 KBS '열린채널'에서 선보인 '접속, 북정마을'도 와보숑이 이룬 성과다. 이들은 자신들만의 영상을 만들기 위해 1년 동안 틈틈이 성북의 북정마을을 찾아갔다. 재개발에 반대하는 주민들의 이야기에 귀를 기울이고 이를 영상에 충실하게 담았다. 마을 공동체가 아니라면 촬영 자체를 허락받기도 쉽지 않았을 일이었다. '우리마을 미디어문화교실'에서 미디어 교육을 받을 당시 팀별로 북정마을을 짧게 찍었는데, 북정마을을 자주 오가면서 주민들과 친해졌던 터라 와보숑을 만든 후에도 이들을 만나 다큐멘터리를 찍을 수 있었다. 지상파에서 방영이 된 것도 좋았지만, 그들에게 더 기억에 남는 것은 북정마을 사람들과 함께 상영회 겸 마을 축제를 가진 일이었다. 이소영 씨는 당시 경험을 이렇게 전한다.

"막걸리도 풀고 그랬는데 무척 좋아들 하시더라고요. 북정마을을 찍어간 사람은 많았지만 이렇게까지 마음을 함께 나눈 사람들은 없었다며…… 그러면서 다큐 속의 누가 김혜자 씨보다 연기를 잘한다는 둥, 자기를 왜 조금밖에 안 찍었냐는 둥, 자기 동네가 이렇게 예뻤냐는 둥 많은 이야기를 해주셨어요. 참 뜻 깊었죠. 이게 진짜 마을 미디어다 싶고. 상영회를 할 즈음 할머니 한 분이 돌아가셨는데, 그 얘길 하면서 울컥하기도 했지만, 뭉클하면서 보람을 느꼈어요. 이건 돈으로는 살 수 없는 경험이죠."

이 밖에도 중증 장애인의 수학능력평가시험 도전기도 주민들에게 많이 회자되었다. 마을을 기록하는 단순한 일에서 시작했지만 이제 그들은 주민들에게 미디어 관련 교육을 제공하고 진행할 정도로 실력이 늘었고, 뉴스부터 예능, 다큐까지 못하는 것이 없는 방송이 되었다. 마을 주민 모두의 지혜와 능력이 합해져서 방송이 만들어지기 때문이다. 그것이 바로 이소영 씨가 말하는 집단 지성이었다. 그런 점에서 마을 미디어가 마을공동체 활동의 뛰어난 도구가 될 수 있었다. 나이나 경력에 따른 위계도 없고, 누가 먼저 들어왔는지 따질 필요도 없으니 민주적인 운영은 새삼 강조하지 않아도 자동으로 이루어진다.

와보숑은 주민과 함께 전진한다

와보숑이 지금에 이르기까지 마냥 쉽게 걸어온 것만은 아니었다. 협동조합 설립을 추진하는 과정에서 뚜렷한 사업 모델을 찾지 못해 주춤거리기도 했고, 또 초반에 이소영 씨에게 지나치게 일이 많이 몰려 힘에 부치기도 했다. 좋아서 하는 일이라고는 했지만 혼자 모든 책임을 떠맡을 수는 없는 노릇이었다. 섭섭했던 기억도 있다.

"와보숑의 첫해인 2013년에는 정말 힘들었어요. 다들 생업 때문이었겠지만, 늘 와보숑은 2순위인 거예요. 한 번은 뉴스 촬영을 하기로 한 날 앵커와 약속을 잡아놨는데 스태프 중 아무도 촬영하러 못 나오겠다는 거예요. 마침 그날이 저희 시아버지 기일이었어요. 남편에게 제사 못 지내겠다고 하고 저녁 일곱시에 촬영을 하려고 나왔는데, 마침 한 분이 촬영을 보조하겠다고 온 거예요. 그분에게 촬영을 맡기고 가는데 눈물이 핑 돌더라고요. 책임감이 없구나, 조직을 함부로 만들어서는 안 되겠구나, 내가 없으면 무너지겠구나 그런 기분이 들면서……"

1년이 지나면서 틀이 갖추어지기 시작했다. 지금은 그가 없어도 잘 돌아간다. 각자의 역할 분담이 이루어졌고, 권리를 주장할 것과 책임을 질 것에 대한 인식도 명확해졌기 때문이다.

어떻게 이것이 가능해졌을까? 이소영 씨는 그 이유를 '수정 결정체 조직 활동' 덕분이라고 설명한다. '수정 결정체 조직 활동'이란 새로운 멤버가 들어오면 그 사람이 주인공이 되도록 하는 조직 운영 방법이다. 수정의 결정체가 그런 방식으로 조직을 이룬다는 점에서 나온 용어다. 그가 마을공동체나 협동조합 등에 대해 컨설팅을 받으러 다니면서 보니 원래 멤버와 새 멤버 간에 갈등이 생기는 경우가 많고 그것 때문에 조직의 결속과 발전이 어렵다는 걸 알게 되었다. 와보숑에도 새로운 사람들이 계속 들어왔는데 새로 사람이 들어오면 그 사람을 의도적으로 여러 일에 앞장서게 했다. 새 멤버에게도 동등한 권한과 책임을 주었다. 그 결과 조직에 대한 충성도와 신뢰도가 크게 올라갔다.

와보숑의 규모나 매출 등 사업의 적정성을 유지할 방법에 대해서 생각해 볼 계기도 있었다. 2013년 첫해를 보내면서 8개월 동안의 결산을 해보니 영상 외주 제작, 광고비 등 그해 매출이 총 1,500만 원이었다. 아무것도 없는 맨바닥에서 마을 방송으로서는 나쁘지 않은 매출이었으나 그렇게 하기까지 엄청난 고생을 해야 했다. 영상 외주 제작이 가장 큰 비중을 차지했는데, 그나마 와보숑이 싼 값에 외주 제작을 해준 덕분이었다. 외주 제작 주문을 오는 대로 받아 일을 했지만 수고에 비해 대가가 열악하다면 이 일을 얼마나 오래 지속할 수 있을까 싶었다.

이에 앞으로 어떻게 사업 모델을 짜면 좋을지 경영 컨설팅도 받아보았다. 생활 정보지인 《가로수》를 영상으로 만든 '영상 가로수'를 해보라는 컨설팅 결과가 나왔다. 하지만 그렇게 하려면 지금의 멤버를 바꿔야 했다. 아마추어인 주민이 아니라 전문가들을 들여서 영리를 목적으로 사업을 꾸려야 한다는 말이었다. 이소영 씨도 그렇고, 멤버들 모두 그건 아니라는 생각이 들었다. 일에서 재미도 느끼고 사회적 가치도 찾을 수 있어야 하는데, 주민들이 영리만이 목적인 일을 하려고 할까? 나와 우리의 이야기, 마을 이야기를 하고 싶어서 만든 방송인데, '영상 가로수' 같은 영리에 목을 맨 사업을 하게 되면 마을 미디어가 될 수 없다는 것은 자명한 일이었다.

마을 미디어로서 정체성을 잃지 않으면서 지속 가능하려면 어떻게 해야 할까? 이소영 씨는 장기적이고 규칙성이 있는 수익 모델에서 답을 구하고 있다. 그것이 구체적으로 아직 손에 잡히진 않아도, 그래야만 안정적으로 일을 해나갈 수 있었다. 또 놓칠 수 없는 것은 주민들과 얼마나 잘 소통하고 주민 주도로 방송을 만들어갈 수 있느냐다. 마을 미디어라면 누구라도 품고 있을 고민이다.

마을 방송으로서 놓치지 말아야 할 것은 마을과 함께, 주민과 함께 전진하는 일이다. 마을 미디어는 잘 만드는 것도 좋지만 그보다 어떤 이야기를 누구와 나누려고 만드느냐가 더 중요하다. 직접 자신들의 이야기를 만들어서 나누는 것일 때, 마을 미디어는 마을 주민들에게 사랑받을 수 있고 주민들의 삶에도 영향을 끼칠 수 있다. 미디어 교육과 활동을 통해 주민들이 직접 미디어 생산에 참여할 수 있도록 하는 것 또한 마을 미디어만의 강점이다. 미디어도 언어처럼 누구나 교육받을 권리가 있다. 지금처럼 온갖 형태의 미디어로 둘러싸인 시대일수록 더욱 그렇다. 미디어 생산이 자신에게 주어진 당연한 권리임을 깨달을 때 우리는 미디어에 휘둘리지 않고 자신의 목소리로 살아갈 수 있는 힘을 갖게 될 것이다.

미디어는 즐겁고 흥미로운 이야기를 담아낼 때 빛이 난다. 내 주변에 귀를 기울이면 얼마든지 즐겁고 흥미로운 이야기를 담아낼 수 있다는 것을 와보숑은 보여준다. 말하고자 하는 욕망, 촬영하고 싶은 욕망을 실현하는 것은 우리에게 주어진 당연한 권리다. 마을 안에서 함께 살아가는 우리의 목소리를 우리의 마이크에 대고 말해보는 것의 재미, 마을살이의 재미가 결코 작지 않다는 것을 와보숑은 우리에게 잘 보여주고 있다.

6

우리는
마을에서,
예술한다

마을의 일상에 퍼지는 문화 예술의 향기

어쩌다 마주친 골목길에서 예술을 접한다는 것
예찬길 마을공동체

골목은 썰렁하고 활기가 없었다. 주택과 가게가 이어져 있었지만 사람들의 왕래가 그다지 잦지는 않은 곳이었다. 다소곳하게 숨죽여 있는 골목 같았다. 홍익대 인근 산울림소극장 건너편에서 신촌 방향으로 가다가 서강대역으로 이어지는 구불구불한 골목으로, 행정 구역상 서울시 마포구 서강로 11길, 서울에서 흔히 볼 수 있는 골목이었다.

그랬던 골목이 어느 날부터인가 꿈틀거리기 시작했다. 마치 누군가 골목 안에 숨결을 불어넣은 것 같았다. 청년들이 하나둘 모여들었고, 사람들로 골목 안이 북적거리기 시작했다. 그리고 어느 사이엔가 그곳에 각양각색의 예술가들이 들어와 있었다. 골목은 마침내 새 이름도 얻었다. '예찬길', '예술을 찬양하는 길'을 줄여 부른 이름이었다.

골목은 완전히 새로운 곳이 되었다. 그 골목에서 오랫동안 살아오던 한 청년의 작은 몸짓이 골목을 바꾸고 사람을 변화시키기 시작했다.

골목 안에 살던 사람들의 면면이 달라졌고, 새로 들어온 사람들은 골목에 신선한 기운을 보탰다. 그러면서 자연스럽게 마을공동체가 형성되어 갔다. 골목 안 사람들은 이제 축제도 펼치고 마을 학교도 열어 골목을 풍성하게 채우고 있다.

예찬길 마을학교의 탄생

이 골목을 예찬길로 변화시킨 주인공은 스무 살 무렵인 2004년부터 그 골목에서 살기 시작한 '어쩌다 마주친 악기사'의 대표 김광민 씨다. 홍대 부근에서 뮤지션으로 활동하던 그는 2012년 7월 일터를 아예 이쪽으로 옮겼다. 음악과 함께 살아오던 그가 이곳에 악기사를 차린 것이다. 먹고 사고 일하는 곳이 하나가 되면서 그의 마음속에 한 가지 생각이 맴돌았다. '이 골목 안 사람들과 뭔가 함께 할 수 있는 건 없을까?'

당시 갓 시작한 악기사가 한가해서 그런 생각이 더 들기도 했다. 같은 골목에 사는 사람들과 함께 악기사에서 무언가를 할 수 있을 것 같았다. 그러다 생각해 낸 게 '어쩌다 마주친 콘서트'였다. 골목을 지나던 사람들이 어쩌다 마주친 악기사에서 함께 콘서트를 구경한다면 재미있겠다는 생각이 들었다. 매주 금요일 저녁 8시에 무료로 음악 공연을 펼치기 시작했다. 돈이 되는 일은 아니었지만 그래도 흥겨웠다. 골목 안 사람들과 무언가를 함께 해볼 수 있다는 것을 깨닫게 해준 최초의 일이었다.

"당시 저와 함께 공연을 한 사람들은 모두 전문적으로 음악을 하는 친구들이었어요. 그래서 연주하고 노래하는 것이 일상인데, 일반 주민들은 음악을 직업적으로 하는 것도 아니고, 콘서트를 접하기도 쉽지 않잖아요. 우리가 꾸준히 콘서트를 하면 사람들이 언젠가 한 번은 공연을 보러 오지 않을까 생각했죠. 와서 보니까 공연이 마음에 들고, 그래서 돈을 조금씩이라도 내고 간다면 그 돈을 모아서 우리도 뭔가 뜻 깊은 일을 해볼 수 있으니까 일석이조였던 거죠."

그런 생각에 공연 때마다 모금함을 놓았다. 많지는 않았지만 모인 만큼 주민센터에 전달했고, 이는 독거노인 한 분에게 지정 기탁되었다. 그 일을 계기로 자연스레 주민센터랑 연결고리가 생겼는데, 어느 날 주민센터로부터 한 가지 제안이 들어왔다. "어쩌다 마주친 악기사에서 통기타교실을 해보는 것이 어떨까요?"

주민센터의 딱딱한 공간보다 악기사에서 기타교실을 하면 분위기도 부드럽고 사람들도 좋아할 것이라는 의견이었다. 악기사이니 훨씬 현장감도 날 것이고 마을 한가운데 있으니 주민들이 접근하기도 좋을 터였다. 방음벽으로 막힌 공간보다 악기들로 둘러싸인 데서 통기타를 연주한다면 흥도 더 날 것 같았다.

'좋다. 해보자.' 김광민 씨는 흔쾌히 그 제안을 받아들였다. 기타교실이 재미있다는 소문이 나면 자연스레 주목을 받게 될 테고, 그것 때문에 주민들도 동네에서 살맛이 난다면 서로 좋으니까. 기타교실을 수강한 주민들의 반응이 좋았다. '어라? 뭔가 되네. 골목에 있는 다른 예술가들에게 같이 하자고 해볼까?' 그는 골목 안 다른 예술가들에게 말을 걸었다. "이것저것 프로그램을 만들어 주민들에게 와서 배워보라고 하면 어떨까? 한번 해보자!" 김광민 씨는 그때를 이렇게 회상한다.

"여기 처음 살 때만 해도 골목 안에 아무것도 없었어요. 집만 있고, 왕래가 없다 보니 삭막했어요. 가게도 배달만 하는 식당이나 1980~90년대풍의 이발소와 미용실 정도가 다였죠. 지하방에 몇몇 예술가들이 작업실을 두고 있긴 했지만 간판 같은 건 없었어요. 그 사람들이 골목에서 주민들과 함께 본격적으로 활동을 시작하면서 작업실 간판도 달고 덩달아 새로운 가게들도 들어오기 시작했죠. 기타교실에서 3개월 동안 통기타와 우쿨렐레만 하다가 반응이 좋아 아예 '예찬길 마을학교'를 시작하게 됐습니다. 활동가들이 점점 늘어나면서 마을학교의 요리교실, 미술교실 같은 프로그램도 활기를 띠고 진행되었고요."

주민들의 반응이 좋았다. 학교에서처럼 시험을 치르는 것도 아니고, 동네에 자리한 수공예나 비누, 초콜릿 등을 만드는 작업 공방을 직접 찾아가 평소 관심 있던 것들을 배우니까 주민들은 그저 신기해하고 재미있어했다. 자연스레 이웃 간에 관계도 맺어졌다. 3개월 단위로 마을학교 과정이 이어졌고 프로그램도 점점 늘어났다. 분기별로 열게 된 마을학교는 어느덧 10회를 바라보고 있다.

주민 한 사람이 마을 사람들과 함께할 수 있는 일을 찾으면서 골목의 풍경이 바뀌었다. 삭막하던 풍경은 활기를 띠고, 멀리서도 사람들이 찾아오는 곳으로 바뀌기 시작했다.

걷다 보면 숨은 재미를 찾을 수 있는 곳

이제 서강로 11길은 '예찬길'이라는 이름으로 더 유명하다. 그 이름도 마을공동체 스스로 지었다. 마을 사람들이 모여 수다를 떨다가 이름을 짓자는 이야기가 나왔고, 김광민 씨의 머리에 갑자기 그 이름이 떠올랐다고 했다. 예술을 찬양하는 길. 투표를 했고, 그 결과 이 골목의 이름은 예찬길로 확정되었다.

예찬길에는 손바느질 공방, 비누 공방 등 다양한 공방을 비롯해 그림이나 드럼, 요리를 배우는 곳도 있다. 예찬길이라는 이름에 걸맞게 그 골목은 예술가의 작업실이자 주민들의 배움터로 자리를 잡았다. 작업실 앞의 재미난 인테리어나 벽화 등 예찬길을 거닐다 보면 곳곳에서 예술가의 손길을 느낄 수 있다. 세련되거나 화려하기보다 아기자기하고 소박한 손길로 빚은 것들이다. 젊고 신선한 감각이 골목 안의 공기에 섞여 있다. 이런 느낌이 예찬길을 더욱 풍요롭게 만든다.

비록 10분 내외면 걸을 수 있는 짧은 길이기는 하지만 예찬길 구석구석에는 재미있는 것들이 많이 숨어 있다. 손바느질 강좌를 하는 소야공방, 꽃빛 장신구 만들기 수업을 하는 꽃빛바느질공방도 있으며, 비누를 직접 만들고 팔기도 하는 비누 공방도 있다. 예술창작소 이모랩 Emolab에서는 그림 수업을 하고, 아로마 테라피스트를 양성하고 교육하는 공방에서는 아로마 향이 은은하게 풍긴다. 통기타교실에서 통기타와 우쿨렐레를 배웠다면, 더 욕심을 내서 드럼(렛츠드럼신촌클럽)을 배워보는 것도 생각해 볼 수 있다.

먹을거리 강좌도 빠질 수 없다. 요리 강좌는 기본이요, 마카롱과 케이크, 초콜릿(쇼콜라티에) 등을 배울 수 있는 공방들도 있다. 원테이블 식당인 '숲으로 간'은 계절에 맞는 담백한 음식을 먹을 수 있는 곳으로 쿠킹 클래스를 열기도 한다. 이모랩에서 얼마 떨어지지 않은 곳에 이모랩의 이모르 대표가 운영하는 술집 이모살롱도 있다. 예찬길 주민들이 한 번씩 모여서 술을 마시는 사랑방인데, 입구에 거꾸로 박힌 마네킹 다리와 미용실 봉이 재미있다.

이런 다양한 예술 주체들이 주민들과 함께하는 축제도 흥미롭다. 골목 안에서 작업실과 공방을 운영하는 젊은이들이 의기투합해 공연도 하고, 자신들이 하는 작업을 주민들이 체험할 수 있게 하는 행사도 열었다. 2013년 6월 첫 번째 축제를 열었는데, 이것이 많은 사람들의 호응과 반응을 얻었다. 내친김에 그해 9월에 두 번째 축제를 열었다. 아예 골목 안 차량 통제까지 해가면서 축제다운 축제를 즐겼다. 김광민 씨는 이런 것이 재미있었다.

"축제를 하면서 집안에 있던 사람들이 골목길로 다 쏟아져 나왔어요. 창작가들은 자기가 하고 있는 작업을 주민들이 체험할 수 있도록 장을 마련하고 사람들을 불러 모으는 것까지 스스로 알아서 하더라고요. 그 전만 해도 닫혀 있던 골목이 다 함께 축제를 하니까 열린 공간이 되면서 무척 흥겨운 곳이 됐죠. 동네에 오래 살아온 할머니가 그러시는데, 30~40년 만에 이런 축제 분위기는 처음이라고…… 동네에서 아이들이 이렇게 뛰어다니는 모습을 다시 보게 될 줄 몰랐다는 주민들 문자

159

도 많이 받았고요."

김광민 씨는 주민들을 공연 무대에 세운 것도 뿌듯해했다. 자신의 어머니보다 연세가 많은 어르신이 마을학교에서 배운 통기타 실력을 무대에서 뽐내자 가족들은 박수 치고 환호하며 좋아했다. 아빠의 반대를 무릅쓰고 기타를 배워온 한 초등학생은 그날 아빠와 함께 무대에 서서 아빠 노래에 반주를 하기도 했다. 마을 축제가 없었다면 상상하기 어려운 감동적인 장면들이었다.

이런 변화의 분위기에 맞추어 지금 예찬길 사람들은 골목 상권을 살리기 위한 여러 가지 궁리도 하고 있다.

"어쩌다 마주친 악기사에도 악기 체험 공간을 따로 만들려고 해요. 마을 아이들이 와서 악기를 만져보고 쳐보는 그런 공간이죠. 지금까지는 아주 적은 액수만 받고 재능 기부에 가까운 활동을 했는데 이제는 골목 상권을 활성화시켜 예찬길에서 활동하는 사람들에게 경제적으로 도움이 될 수 있는 길을 찾으려고 합니다. 이곳에 들어왔더라도 경제적으로 힘들면 하나둘 빠져나갈 수밖에 없거든요. 골목 상권 활성화를 계획하고 진행하면서 골목 안에서 다양한 것을 즐길 수 있게 할 겁니다. 어떤 것을 할 수 있을지 구체적인 고민들을 할 단계죠."

외롭지 않아서 좋은 마을공동체

강좌니 축제니 공연 등이 마을의 문화로 자리 잡기까지 힘든 일은 없었을까? 예찬길을 닦던 초반, 김광민 씨는 악기사보다 마을 활동에 더 힘을 쏟아야 했다. 방송이나 신문 등 미디어에서 마을공동체와 관련해 취재 요청이 오면 순전히 그의 몫이었다. 인터뷰를 하거나 방송에 출연해서 직접 설명하는 것도, 누군가와 연결해 주는 것도 모두 그를 거치지 않으면 안 되었다. 그러다 보니 악기사 일에 소홀해질 수밖에 없었다. 관리가 안 되고 매출도 떨어지자 직원들이 나가고 그도 기운이 빠졌다. 마을 일보다 자신의 마음과 사업을 추스르는 데 더 신경을 쓰지 않으면 안 되었다.

사업이 주춤하면서 힘이 빠져 있을 때 주민들의 도움이 큰 힘이 되었다. 위로를 받은 것은 물론, 마을학교 등 다양한 마을공동체 사업에도 마을 사람들이 자발적으로 참여하면서 그의 수고가 덜어졌기 때문이다. 다행스럽게도 길지 않은 골목에서 자주 얼굴을 맞대고 친해진 덕분인지 마을 사람들끼리 큰 갈등이나 마찰은 없었다. 김광민 씨는 그 점이 참 고맙다고 했다.

"처음에는 혼자 많은 일을 했는데, 자리가 잡히면서 마을의 이런저런 활동들이 자연스럽게 흘러가더라고요. 무슨 일이든 시작할 때는 바쁘고 정신없는 게 당연한 것 같아요. 더군다나 혼자서 많을 걸 하다 보니까 더 그랬겠죠. 그런데 외롭진 않았어요. 한 마을에 살면서 생각을 공유하고 함께 일을 해나가는 사람들이 생기니까 외롭다는 생각은 들지 않더라고요. 마을 사람들에게 좋은 일만 있으면 좋겠지만, 그럴 수는 없잖아요? 서로 즐길 것이 있으면 함께 즐기고 어려운 일이 있으면 같이 극복하고 그렇게 같이 살아가는 게 마을공동체인 것 같아요."

그렇다면 현실적으로 어려운 문제에 부딪히지는 않았을까? 가령 마을공동체가 활성화되면 먼저 부동산 가격부터 들썩이기도 한다. 사람들 왕래가 잦아지면서 집 주인들이 집값이나 임대료를 올리는 경우를 심심찮게 볼 수 있었다. 다행히도 예찬길은 이런 위기 상황에 맞닥뜨리지 않았다. 되레 그런 것을 예방하고 슬기롭게 잘 헤쳐나간 경우라고 할 수 있다.

"하루는 건물주 분들을 모아서 세입자 배려를 해주십사 부탁을 드렸죠. 월세를 너무 많이 올리지 말아달라는 말씀도 드리고요. 축제를 할 때도 동의를 구하고 허락을 얻기 위해 통장, 동장 등이 함께 모인 자리를 마련했는데요, 건물주 분들도 축제 한번 해보라며 오히려 무척 좋아했어요. 조용하기만 하던 동네에 잔치가 열린다니 되게 좋았나 봐요."

민관 협력도 잘되었다. 김광민 씨는 운이 좋았다고 표현했다. 주민센터 공무원들이 마을공동체 사업과 관련한 정보를 주고 자신은 아이디어를 내면서 서로 죽이 잘 맞았다. 마을공동체 사업을 하면서 관계를 잘 형성한 것도 한몫했다. 주민센터는 예찬길을 함께 만든 주체였다. 예찬길에서 어떤 일을 진행하고자 하면 필요한 것이 무엇인지 듣고 적극적으로 도와주었다. 주민센터 등의 지원을 받아서 벽화도 그릴 수 있었고, 가로등도 생겼다. 어두침침하던 예찬길이 밝아졌다. 겨울에는 제설함도 설치되었다.

더 놀라운 것은 이런 변화들이 마을에 대한 주민들의 관심 또한 크게 변화시킨 일이었다. 눈이 많이 와서 쌓여 있으면 사람들은 내 집 앞의 눈만 치우는 것이 아니었다. 다른 집 앞의 눈도 기꺼이 치워줄 정도가 되었다. 서로가 무심하고 삭막하던 풍경이 친근하고 화기애애하게 바뀌었다.

내 삶을 다르게 만든 예찬길

어쩌다 마주친 악기사는 예찬길 마을공동체의 베이스캠프 역할을 한다. 마을학교의 다양한 프로그램 중에서도 기타교실은 가장 오래되었지만 여전히 인기가 좋다. 김광민 씨는 악기사를 좀 더 개방하기로 결정했다. 악기사의 절반을 악기 체험 카페로 개조하기로 한 것이다. 카페라는 이름처럼 작은 에스프레소 머신도 갖추어놓았다. 마을 사람들이 조금 더 편하고 쉽게 악기를 접하고 즐길 수 있도록 하기 위해서다. 기존의 기타교실에서 기타를 배우려면 마을학교에 등록하고 정해진 시간에 와야 하지만, 아무 때나 와서 자유롭게 악기를 경험할 수 있도록 한 것이 악기 체험 카페다.

이런 생각을 한 것은 그동안 마을공동체 활동을 하면서 자신이 받은 영향 덕분이다. 그는 예찬길 활동을 통해 오히려 자신의 삶이 좋아졌다며 이렇게 말한다.

"옛날에는 남을 별로 신경 쓰지 않았어요. 그렇다고 다른 사람에게 해코지를 하거나 한 것은 아니지만, 다른 사람을 생각하거나 함께 무언가를 하고 싶다는 생각 같은 것은 없이 살았죠. 그런데 예찬길 활동을 하다 보니 깨달은 게 있어요. 혼자 가는 것보다 같이 가면 멀리 갈 수 있다고, 여럿이 가야 멀리 갈 수 있다고 깨닫게 된 거죠. 관계도 넓어지고 깊어지고…… 그래서 마을공동체는 지금 제 삶에서 꽤 중요한 위치를 차지하고 있어요."

그는 예찬길이 그곳 사람들에게 즐거움을 주는 것도 좋지만 그와 더불어 위로도 줄 수 있으면 좋겠다고 생각한다. 예찬길에는 예술 공방을 하는 사람들도 많고 조그맣게 자영업을 하는 사람들도 많은 만큼 이곳 사람들은 매일 직장에 출근하거나 학교를 다니는 사람들과는 다른 삶의 패턴을 가지고 있다. 삶에 찌들고 쫓기는 사람들이 어쩌다 마주친 예찬길에 들어서서 다양한 것을 접하고 경험하면서 즐거움과 함께 위로를 받을 수 있으면 좋겠다는 것이 그의 소망이다.

"이곳은 홍대 부근의 여느 골목과는 완전히 달라요. 조용하고 주로 각자의 작업을 많이 하고 있어요. 그런 곳이기 때문에 마을 사람이든 아니든 직장에서 일하고 돌아오는 길에 일부러 잠깐이라도 예찬길 어디든 들러서 힐링도 받고 위로도 받으면 좋겠어요. 서슴없이 그냥 문을 열고 들어가도 예찬길 어디서든 늘 반겨줍니다.(웃음)"

부산, 수원, 청주 등 다른 지역에서 사는 사람들도 예찬길이라는 마을공동체에 대한 소문을 듣고 많이 찾고 있다. 서울의 다른 자치구나 마을에서도 마을공동체를 만들기 위한 벤치마킹을 하기 위해 자주 찾아온다. 심지어 똑같은 방식으로 예찬길을 자기네 지역에 이식해 달라는 주문도 있었다고 한다.

예찬길은 좁고 짧아서 좋다. 정기적으로 날을 정해놓고 주민들을 만날 필요가 없다. 아무 때나 불쑥 찾아가 만나고, 전할 말이나 일이 있으면 지나가면서 이야기해도 된다. 진짜 이웃사촌 같은 느낌이 강하다고 김광민 씨는 말한다. 하지만 짧은 골목이라도 있을 건 다 있다. 그는 골목 안에 있는 것들을 하나하나 손으로 꼽으며 알려준다. 30년 된 이발소, 세탁소, 악기사, 그림 그리고 가르치는 곳, 액세서리 만드는 곳, 반지 만드는 곳, 커피 볶는 집, 치킨 집, 막걸리 집, 고기 집, 슈퍼, 빵집…… 그는 말을 마치며 싱긋 웃더니 이렇게 툭 던졌다. "이런 집들이 이렇게 작은 골목 안에 다 모인 데가 없다니까요."

예찬길의 새로운 주제라는 골목 상권 활성화는 어떤 모습으로 나타나게 될까? 지금까지 예찬길이라는 마을공동체를 만들어온 과정이 그러했듯 그것 역시 짧은 시간에 이루어질 일은 아니다. 그럼에도 마을공동체를 통해 다른 삶을 살게 되었다고 말하는 청년에게 그것은 또 다른 '예찬'의 과정이 되리라 믿어 의심치 않는다.

마을에서 펼쳐지는 일상의 소소한 예술

OOO간, 창신동 봉제 마을

서울 종로구 창신동. 전태일재단 등 전태일 열사의 흔적이 있으며, 대한민국 산업화의 숨은 역군이라 불리던 우리의 어머니, 누이 들이 일상화된 착취와 열악한 노동 환경에서 쉴 틈 없이 미싱을 돌리고 재단을 하던 곳이다. 힘겨운 노동으로 마지못해 삶을 버티던 곳이지만, 한국 사람이라면 누구나 한 번쯤 창신동에서 만든 옷을 입었을 만큼 이곳은 한때 의류 생산에서 큰 역할을 하던 곳이었다.

서울시가 2012년 미래문화유산으로 지정·보존하기로 결정한 이곳에서는 과거보다는 규모가 많이 줄었지만 지금도 여전히 미싱이 돌아가고 재단이 이뤄지고 있다. 현재는 주로 2~3인의 소규모 봉제 공장이 운영되고 있는데, 창신동 주민의 70퍼센트가 이곳에서 봉제 관련 일을 하고 있다. 동대문의 의류·방직 산업을 지탱하는 배후 생산 기지로 동대문 의류 시장에서 소비하는 카피 상품이나 단기 계절 상품을 주로 제작한다.

　원래 창신동은 복숭아나무와 앵두나무가 우거진 과수원 지역이었다. 이렇게 붉은 열매가 많아 '홍숫골'로 불렸는데, 1914년 한성부 관청이던 인창방과 숭신방에서 한 자씩 따서 창신동으로 불리게 되었다. 이곳에는 산을 깎아서 생긴 가파른 경사길과 절벽이 있는데, 일제 때 서울역과 조선총독부를 짓기 위해 이곳을 채석장으로 썼기 때문이다.

　그런 배경이 있는 창신동은 과거 서울의 대표적인 달동네였다. 동대문 일대의 직공들이 잠잘 곳을 찾아 들어오고 동대문에 버스 터미널이 생기면서 창신동에 쪽방들이 우후죽순 생겨났다. 지금도 박스처럼 다닥다닥 붙어 있는 수천 개의 집들과 미로 같은 골목길 풍경이 그것을 대변한다. 거기에 1980년대 평화시장의 봉제 공장들도 상대적으로 임대료가 싼 창신동으로 몰려왔다. '시다'라 불리던 직공과 재단사들이 저임금 장시간 노동을 못 견디고 나와 창신동 골목에 '가내 경공업'으로 하청 공장을 차리면서 이곳은 봉제 마을로 거듭났다.

　2011년 그렇게 쇠락한 풍경 속으로 두 예술가 청년이 들어가 그곳 사람들과 섞이기 시작했다. 이들은 부모의 손길을 덜 받고 자라는 마을의 아이들과 함께 예술 프로그램을 진행하고, 마을 주민들의 동아리 형성을 도왔다. 이들이 주민들과 함께 기획부터 인테리어 작업까지 함께한 작은 마을 도서관 및 커뮤니티 공간도 만들어졌다. '문화 예술을 통한 지역 재생'을 목표로 하는 문화 예술 플랫폼도 자리를 잡았다. 마을 주민의 목소리를 담은 마을 미디어도 생겨났다. 모두 이 청년들이 들어가면서 생긴 변화였다.

그러면서 창신동도 새로운 모습을 띠기 시작했다. 과거의 이야기를 바탕으로 새로운 관계와 이야기가 만들어지면서 다른 내용을 가진 창신동 봉제 마을로 거듭나고 있다. 그동안 무슨 일이 벌어진 것일까?

새로운 공동체를 상상하다

도시의 어떤 공간은 과거에서 미래를 보는 단초를 제공해 준다.《리씽킹 서울》이라는 책을 보면, 창신동은 서울의 새로운 재생 전략을 담당할 지역 중 하나라고 한다. 이 책의 저자들은 창신동이 도살장 밀집 지역에 생긴 뉴욕의 패션 중심지 미트패킹 지구와 비슷한 점이 있다고 보고 있다.

창신동에 우연찮게 발을 들이게 된 두 예술가 청년, '키다리'(홍성재)와 '콩'(신윤예)에게 이곳은 묘한 에너지를 발산하는 곳이었다. '러닝투런'이라는 사회적기업을 운영하던 이 두 사람은 지역아동센터의 초빙 예술 교사 자격으로 창신동 아이들에게 단기 예술 교육을 진행하면서 이곳을 처음 찾게 되었다. 그러면서 그들은 이곳의 소규모 봉제 공장들을 처음 접했고, 그 공간들을 둘러보면서 예술가들의 작업실을 떠올렸다. 적은 수의 동료들이 공간을 임대하고 그 안에서 무언가를 만들어내는 것부터 어수선한 분위기까지 닮아 있었다.

동질감을 느낀 그들은 이곳에 있는 사람들과 무언가를 함께 만들어갈 수 있을 거라는 강한 느낌을 받았다. 이곳에서 자신들의 삶은 물론 작품 활동에도 새로운 활력을 불어넣을 수 있겠다는 생각이 들었다. 무엇보다 주민들과 만나 그 안에서 풍요로운 관계의 지점들을 만들고 싶은 욕구가 생겼다. 그래서 삶과 예술을 연결하는 시도를 해보기로 마음먹었다.

거슬러 올라가면 창신동은 예부터 예술의 기운이 흐르던 곳이었다. 조선의 실학자 이수광이 《지봉유설》을 집필한 비우당庇雨堂('비를 가리는 집'이란 뜻)이 있으며, 세계적인 미디어 아티스트 백남준과 한국을 대표하는 화가 박수근이 살던 곳이기도 했다.

키다리와 콩은 지역을 찬찬히 돌아보면서 자신들이 늘 입고 다니던 옷이 얼마나 힘든 환경에서 만들어지고 있었는지 모르고 살아왔다는 사실에 부끄러운 마음이 들었다고 했다. 시간이나 경제적 여력이 부족해 아이들을 돌보지 못하는 부모들의 안타까운 마음이나, 봉제 산업이 쇠락하면서 찾아든 빈곤 문제 등이 그들 눈에 아프게 들어왔고, 이런 문제들을 지역 안에서 풀 수 있는 방법을 주민들과 함께 모색하고 싶었다. 삶과 예술 사이의 괴리를 어떻게 이을 수 있을지 고민하던 때였기에 그런 생각들이 더 들었다고 했다. 그리고 2012년 1월부터 지역아동센터 아이들과 간단한 예술 체험 프로그램을 진행하기 시작했다.

같은 해 6월 '000간(공공공간) 사무소'를 열었다. 숫자 '0'은 비어 있으면서 다른 것들로 채워지기를 기다린다는 뜻이고, '간'은 '사이, 틈, 참여'를 뜻했다. 즉 참여와 협업을 통해 새로운 공공성을 제안하고 실험하는 곳이란 뜻이었다. 두 사람은 키다리와 콩이라는 별칭으로 활동하면서 한 해 동안 창신동 주민들과 여러 형태로 관계를 형성하며 친해지기 위한 노력을 기울였다. 말풍선 붙이기 놀이인 '말, 풍선', 아이들이 큰 상자에 들어가는 경험을 해보는 '나 홀로 동굴', 창신동 오르막을 작은 축제의 공간으로 만드는 '오르막 페스티벌' 등의 프로그램을 통해 아이들을 비롯한 주민들, 봉제 노동자들과 어우러졌다. 그렇게 친해지면서 커뮤니티 도서관 '뭐든지'를 만들게 되었다.

"지역아동센터에 작은 도서관을 만들자고 제안했어요. 아이들을 포함해 주민들이 함께 어떤 콘셉트의 도서관을 만들 것인지 기획하고 도서관의 이름도 공모를 했는데, 한 아이가 '뭐든지'라는 의견을 냈어요. 그래서 '뭐든지 도서관'이 된 거죠. 주민들이 함께 넉 달에 걸쳐 천천히 만들었어요."

빈 공간을 임대해 주민들이 직접 페인트칠과 바닥 공사를 하고, 필요한 물건은 집에서 가져오기도 했다. '뭐든지'라는 이름처럼 작아도 다양한 쓰임새를 지닌 마을 아지트가 만들어졌다. 도서관이 생긴 뒤로는 다양한 문화 활동이나 마을 모임이 이곳에서 이루어졌다. 마을 사람들은 '뭐든지'에 모여서 뭐든지 하기 시작했다. 극장도 되고, 연주회 무대도 되며, 바자회 장소로도 활용되었다. 마을의 아이와 어른 모두가 모여 꿍꿍이를 꾸몄다. 지금 '뭐든지'는 주민들이 조합원으로 참여해 실질적으로 주민들이 주인이 되는 협동조합으로 재탄생하기 위해 준비하고 있다. 그렇게 창신동이 변하고 있다. 함께 모여 뭐든지 함으로써.

창신동의 변신, 외부로 연결하라!

러닝투런 두 사람의 활동에 힘입어 2013년부터 창신동은 외부로 알려지기 시작했다. 2012년 한 해 동안 마을 사람들과 형성한 관계를 토대로 이들은 2013년부터 창신동을 외부와 연결하는 작업들을 다양하게 해나갔다. 마을 주민들과 외부를 연결하는 다리가 되도록 키다리와 콩이 만든 프로그램 중 하나가 '도시의 산책자'였다. 철학자 발터 벤야민의 책《도시의 산책자》에서 따온 이름이다. 마을 주민에게 직접 해설을 듣거나 음성 안내기로 해설을 들으면서 창신동 곳곳을 산책하는 프로그램이었다. 이 프로그램은 산책하듯이 자연스럽게 마을을 탐방하면서 주민의 입을 통해 마을의 생생한 이야기를 들을 수 있도록 해준다는 점에서 이곳을 찾는 많은 사람들에게 큰 사랑을 받았다.

낙산공원을 끼고 있는 창신동은 실제로 산책하기에도 좋은 곳이다. OOO간은 '도시의 산책자' 프로그램을 통해 창신동을 외부 사람들이 즐겨 찾는 명소로 만드는 것 외에도, 창신동의 경제적 기반인 봉제 산업에 주목, 이를 이용해서 창신동을 새로운 혁신의 공간으로 꾸밀 수 없을까 하는 데로 생각이 미쳤다. 키다리와 콩이 그동안 지켜본 봉제 산업은 '오래된 미래'였고, 봉제 마을은 새로운 모습으로 태어날 수 있는 가능성을 품은 공간이었다.

불가능하다고 생각되던 것이 가능한 것이 되고 쓸모없다고 여겨지던 것이 쓸모를 찾는 것은 모두 상상력에서 비롯된다. 자유롭게 상상하는 것에서 마을공동체는 변화를 시작한다. 그런 점에서 마을은 곧 상상력을 품은 곳이기도 하다. 창신동 봉제 마을은 그 점을 아주 잘 보여주고 있다.

봉제 마을에서 가장 흔하게 볼 수 있는 것이 버려진 원단이다. 창신동 일대에는 옷을 만들고 남은 자투리, 원단 심지(말대) 등이 무수히 배출되고 있었다. 쓰레기봉투 안에 버려진 원단 조각을 보면 계절별로 유행하는 옷의 색과 패턴을 알 수 있을 정도다. 두 사람은 이렇게 버려진 원단 조각들에 주목했다. 창신동에 하루 22톤, 연간 8천 톤이 버려지는 원단을 활용해 옷이나 생활용품, 소품을 만들면 봉제 마을 사람들의 소득 향상과도 연결 지을 수 있겠다는 생각이 들었다.

"소규모 봉제 공장이 가질 수밖에 없는 열악한 생산 시스템과 저임금, 그로 인해 충분히 보살피지 못하는 아이들의 육아와 교육, 엄청나게 쏟아지는 원단 폐기물 등 다양한 문제와 고민에 대해 어떻게 그 대안을 찾을지 고민을 했어요." 그런 고민의 결과로 나온 것이 바로 '자투리의 재발견'이었다. 남는 공간, 제품, 자원, 인력 등을 찾아내서 거기에 다양하고 새로운 쓰임을 입혀주는 것이다. 그래서 만든 것이 '000간 플랫폼'이다.

키다리와 콩은 버려지는 원단 자투리로 방석을 만들었다. 원단 쓰레기를 조금이라도 줄일 수 있는 것은 물론, 이것으로 수익도 낼 수 있겠다 싶었다. 또 계절과 유행에 따라 원단이 다르니 이렇게 다양한 천들을 담아 만든 방석은 '봉제 노동의 흔적이 담긴 저장소'라는 의미도 있었다. 그들은 주변 봉제 공장과 힘을 합쳐 반투명한 원단에 자투리 천을 넣은 방석을 완성했다. 이 방석들은 보기에도 좋아서 많은 곳에서 좋은 반응을 얻었다.

더 나아가 이들은 처음부터 자투리 원단이 버려지지 않는 옷을 고민, 원단을 재단하고 남은 자투리를 디자인 요소로 활용한 '제로 웨이스트 셔츠'를 내놓았다. 키다리와 콩은 함께 일할 디자이너를 모집해 OOO간에서 직접 셔츠를 디자인한 뒤 봉제 공장에 제작을 맡겼다. 대개 셔츠를 만들면 버리는 원단이 20퍼센트 정도지만 제로 웨이스트 셔츠는 버리는 원단이 5퍼센트도 안 되었다. 이런 작업을 통해 주변 봉제 공장과 협업·협력의 관계도 자연스레 넓어졌다.

자투리를 활용한 봉제 체험을 하고 싶은 사람을 위한 프로그램도 만들었다. 봉제 장인과 함께하는 '자투리의 여행'이 그것이다. 이 체험 프로그램에서는 자투리를 활용해 에코 브로치 등을 만들 수 있다.

2013년 1월 개국한 창신동 라디오 방송국 '덤'도 창신동 봉제 마을을 알리는 데 기여하고 있다. 창신동 봉제 마을 주민들이 미디어 교육을 받고 만든 '덤'은 마을 미디어의 대표적인 사례 중 하나로 유명세를 타고 있다.

창신동 봉제 마을이 꾸는 꿈, 제로 웨이스트 빌리지

키다리와 콩은 자신들이 창신동에 자리를 잡은 것을 '신의 한 수'라고 생각하고 있다. 자신들의 작품 활동은 물론 어떻게 살 것인지에 대한 고민도 이곳에서 함께 녹여내고 있기 때문이다. 그들의 말이다.

"예술가 개인의 작품 활동이 지역과 만나면서 외연과 내용이 넓어지고, 그렇게 확장된 작품 활동이 지역의 삶과 일자리로 연결되고, 예술가와 마을 사람들이 협력하면서 지역의 새로운 가능성을 발견하고 있어요. 앞으로는 좀 더 긴밀하게 마을공동체와 연결하면서 우리의 활동을 내용적으로나 형식적으로 더 키워나가고 싶어요. 실제로 지역 문제를 해결하면서 긍정적인 변화의 결과를 주민들과 함께 나누어가는 거죠. '뭐든지'를 마을 주민들과 함께 만들면서 이곳에서도 '무언가를 함께 하는 것'에 대해 긍정적으로 생각하는 문화가 생겼고요. 앞으로도 지역의 변화를 위해 '함께 살기'를 실천하고 싶습니다."

이런 활동들을 함께 하면서 키다리와 콩은 마을에 자연스레 젖어들었고, 이제 떼려야 뗄 수 없는 끈끈한 관계로 맺어졌다. 이제 창신동 봉제 마을은 한껏 변화의 기운을 타고 있다. 창신동에 이와 같은 새로운 기운이 깃들자 정부도 인근 동대문 패션 상가와 이곳의 봉제 산업을 연계하기 위해 창신동의 빈 공간이나 폐공간을 청년 디자이너들에게 제공하겠다는 방침을 세웠다. 이 공간들을 의류 상품 제작 등 봉제 작업 공간으로 활용하게 하겠다는 것이다.＊

＊ 국토해양부는 2014년 11월 도시 재생 선도 지역의 하나로 서울 종로구 창신동·숭인동을 지정했다. 도시 재생 사업은 쇠퇴한 옛 시가지나 노후 산업 단지·항만, 공공 청사·군부대·학교 등 이전 적지 (특정 시설이 옮겨가고 남은 빈 땅)의 산업·상업·주거 기능을 되살려 지역을 활성화하는 사업이다. 창신동은 쇠퇴한 구도심, 시가지의 노후·불량 주거 지역, 상권 등을 되살리는 '근린 재생형'으로 분

그들 역시 마을에 스며드는 과정이 쉬웠던 것은 아니다. 처음에 마을 사람들은 그들을 냉소적이고 회의적인 눈으로 바라보았다. '쟤네들, 저렇게 하루 이틀 하다가 가겠지.' '쟤네들, 괜히 뭔가 들쑤시고 시끄럽게만 만드는 것 아니야?' 그러던 것이 키다리와 콩이 계속 무언가를 만들고 기획하고 제안하는 것을 보면서 '뭔가를 하네'로, 다시 '열심히 사네'로 시선이 차츰 바뀌었다. 이제는 마을 사람들에게서 먼저 제안이 들어오기도 한다. 키다리와 콩이 마을을 좀 더 살기 좋은 곳으로 만들어가는 모습을 보면서 주민들도 새로운 일을 해보고 싶다는 욕구가 일어난 것이다.

아이들과 청소년들의 태도도 달라졌다. 그들은 마을의 언니이자 형, 누나가 된 키다리와 콩에게 찾아와 진로나 인생 고민을 스스럼없이 털어놓는다. 청소년들은 환경이나 임금이 열악한 봉제 일을 대물림받고 싶지 않지만, 그렇다고 정든 마을을 떠나고 싶지도 않다고 했다. 그래서 키다리와 콩은 이런 청소년들을 위해 지역 내 청소년 창업 멘토링도 시작했다. 청소년들은 멘토링을 받으며 자신들이 하고 싶은 일을 적극적으로 개진하고 있다고 한다.

키다리와 콩이 주민들과 함께 하는 일들이 성과를 내면서 여러 사

류되었다. 이 지역을 주민 커뮤니티 중심으로 회복시키는 사업이 추진될 계획이며, 기존 봉제 산업을 특화하고 안정적인 판로 구축을 돕는 방안도 마련되고 있다. 국토부는 아울러 유네스코 유산 등록을 추진중인 한양 성곽을 활용하여 마을 관광 자원을 개발하고 낙후한 주거 환경 개선 사업, 주민 공동체 활성화 사업 등도 벌일 계획이다.

회적경제* 주체들도 창신동을 주목하기 시작했다. 공연과 문화 예술 교육 프로그램을 제작하는 사회적기업 '아트브릿지'가 창신동에 들어와서 '뭐든지 예술학교'를 만들었고, 지역 가치를 존중하면서 지역 커뮤니티의 가치를 창출하겠다는 소셜벤처 어반하이브리드(도시융합협동조합)도 의류 제작자와 디자이너를 연결하고 지역 재생 활동을 위한 '창신 table'을 열었다. 000간도 참여하는 봉제 마을 주민 모임인 '창신마을넷'도 한 달에 한 번 정례 회의를 통해 지역 문제 해결을 위한 다양한 논의를 진행하고 있다. 내외부에서 에너지가 쌓이고 유입되면서 창신동 봉제 마을은 도시 재생의 아이콘으로 떠오르고 있다.

봉제 산업의 메카지만 낙후된 지역으로 인식됐던 창신동이 지금 청년들이 불어넣은 활력 덕분에 새롭게 바뀌고 있다. '자투리의 재발견'과 같은 활동 등으로 마을에 활력을 불어넣고 새로운 관계망을 짜나가는 이들은 마을에 버려져 있던 자원을 새롭게 씨줄과 날줄로 엮어내는 '마을 양장사'가 아닐까? 그리고 이들의 노력과 성과에 힘입어 창신동 봉제 마을이 꾸고 있는 꿈이 있다면 바로 제로 웨이스트 셔츠처럼 "쓰임새가 없다"는 이유로 버려지는 사람이 없는 '제로 웨이스트 빌리지'가 아닐까?

※ '사회적경제'란 자본주의 시장 경제가 발전하면서 나타난 불평등과 빈부 격차, 환경 파괴 등 다양한 사회 문제를 해결하기 위한 경제 활동을 말한다. 이는 1800년대 초 유럽과 미국에서 협동조합, 사회적 기업, 상호부조조합, 커뮤니티 비즈니스 등의 형태로 처음 등장했고, 한국에서는 1997년 외환 위기를 전후해서 구조화된 실업과 불안정 고용, 빈부 격차의 심화, 낙후 지역의 발생 등의 문제를 해결하기 위해 크게 부각되었다.

봉제 마을답게 복식服飾 용어로 빗대어 표현하자면, 창신동 봉제마을은 '프레타 포르테'(기성품)가 아닌 '오트쿠튀르'(고급 맞춤복)와 같다고나할까? 창신동은 한 땀 한 땀 장인의 손길로 직조하는 '고급 맞춤복' 마을로 거듭나고 있는 셈이다. 그것은 한두 사람의 노력만으로 가능한 것이 아니다. 문제와 한계가 있다고 해서 불평하고 투덜대기보다는 서로힘을 모아 해결해 가려는 관계가 형성될 때 마을공동체도 그렇고 그 안에 사는 사람들의 삶도 비로소 변화할 수 있다. 창신동 봉제 마을은 바로 그 멋진 예이다.

우리는 305호로 이사 왔어요

ユヤ๐'5

몇 년 전 마을공동체 관련한 강연에 강사로 참가한 적이 있었는데, 그때 여러 강사 중 박원순 서울시장의 얘기가 인상적이었다.

한 아파트촌에 어떤 가족이 이사를 왔다. 그 가족의 아이 하나가 엘리베이터 옆에 이렇게 포스터잇을 붙여놓았단다. "우리는 몇 호로 이사왔어요. 아빠 엄마와 저와 동생, 그리고 강아지가 있어요. 같이 잘 지냈으면 좋겠어요." 그리고 다음날 그 포스터잇 옆에는 수많은 노란 포스터잇들이 붙었다. "우리 집은 몇 호인데 반갑다. 우리는 강아지가 두 마리가 있단다. 보면 인사하고 지내자." "우리 집은 할머니도 같이 계셔. 우리 집에 놀러 와."……

옛날과 달리 지금의 마을은 베드타운인 아파트, 마을 상가, 직장으로 나뉘어져버렸다. 사람들은 마을이라는 공동체를 잃어버렸다. 하지만

이 이야기가 보여주듯, 마음 깊은 곳에는 늘 그 그리움이 숨어 있고, 그것이 싹틀 조건만 되면 터져 나올 태세를 하고 있는 것이다.

그 이야기를 들으며 나는 희망을 보았다. 그래서 난 이런 상상을 해본다.

마을마다 홈페이지나 어플이 있다. 사람들이 아파트의 어느 동에 이사를 오면 아예 주민센터에서 마을 홈페이지나 어플을 알려준다. 이사 온 사람들은 거기 들어가 이사 인사도 하고 자기 가족 소개도 한다. 또 "우리 집은 새로 설렁탕집을 차렸어요. 많이 와주세요" 하고 자기네가 하는 사업이나 가게의 홍보를 하기도 한다. 옷 바꾸기나 강아지 분양, 벼룩시장, 강연, 만화 그리기 대회, 바둑 대회, 소모임 등 마을 행사를 의논할 수도 있다.

마을이 꼭 오프라인이라야 되는가? 오늘날 같은 시대엔 이처럼 마을이 사이버 상에서 형성될 수도 있지 않을까? 나는 여러 친구 그룹들을 SNS에서 만난다. 실제로는 자주 못 보지만 사이버 상에서 늘 만나니까 자주 보는 듯하고 많은 이야기를 친구들과 나누며 공유하고 있다. 여러분도 그럴 것이다. 마을도 그 중 하나일 수 있고, 어쩌면 이미 많은 사람들이 그런 마을을 만들고 있을지도 모르겠다.

/7/

우리는
마을에서,
교육한다

마을이 학교다!

재미있어서 학교이고 마을이라네!

삼각산재미난마을

    삼각산재미난마을, 말 그대로 재미있는 이름이다. 얼마나 재미있게 살기에 이런 이름을 붙였을까? 삼각산재미난마을(이하 재미난마을)은 서울 강북구 수유동, 우이동, 인수동에 걸쳐 사는 사람들이 이룬 마을이다. 그러나 행정 구역이나 지리적 위치만으로 이곳을 설명할 수는 없다. 사람들 간의 다양한 관계로 맺어진 산물이 재미난마을이기 때문이다.

    우선 가까운 곳에는 1960년 4·19의거 때 희생당한 사람들의 위패를 모신 '국립 4·19민주묘지'가 있다. 서울의 자랑거리인 북한산 둘레길과도 연계되어 있다. 북한산으로 들어가는 길도 있고, 꼭 둘레길이 아니라도 여기저기 산책하기 좋은 곳들이 많다. 작은 계곡을 따라 개울물도 흐른다. 여름에는 계곡물에 발을 담그고 더위를 식힐 수도 있고, 겨울에는 꽁꽁 언 얼음장 위에서 썰매를 지칠 수도 있다. 5층 이상의 건물이 거의 없다 보니, 눈을 들었을 때 아름다운 자연을 가리는 것도 없다.

생활 공간에서 바로 자연과 접할 수 있다는 점에서 서울에서는 보기 드문 천혜의 환경을 지닌 곳이다. 그런 환경에서 자연을 벗한 교육이 자연스레 이뤄지는 곳이 재미난마을이다.

살며 배우며 소통하며

재미난마을이 만들어진 최초의 동기는 아이들의 '교육' 문제였다. "아이들을 어떻게 자라게 할 것인가?" "아이를 사람답게 자라도록 하기 위해 어른들은 무엇을 해야 하는가?" 하는 질문이 아직 어린 아이를 둔 부모들 몇 명을 한 자리에 모이게 이끌었다. 1998년, 이른바 IMF 사태라는 광풍이 휩쓸고 간 뒤 실직과 일자리 부족, 맞벌이 부부의 급증 등과 맞물려 육아가 중요한 사회 문제로 부각되던 때였다.

그들은 공동 육아를 통해 그 문제를 풀어가기로 의견을 모으고, 이듬해인 1999년 공동 육아 협동조합 '꿈꾸는 어린이집'을 꾸렸다. 아이들을 위해서 모였지만 공동 육아를 하면서 부모들도 새로운 세계를 만났다. 좋은 교육 환경과 교육 철학에 대해 고민하고 나름대로 얻은 답들을 공동 육아에 적용해 보면서 그들은 어떻게 함께 살아갈 것인지를 배워나갔다. 특히 아이들을 대하는 아빠들의 태도에 가장 큰 변화가 일어났다. 아내의 몫으로만 여기던 육아를 자신의 삶 속으로 받아들인 것이다. 이와 함께 바깥으로만 돌던 아빠들이 자연스레 마을의 일원으로 들어오게 되었다.

아이들이 자라 학교에 들어갈 때쯤 되자 공동 육아에 참여하던 부모들도 자연스레 초등 교육을 고민하기에 이르렀다. 부모들은 아이들이 저마다 가진 재능과 상관없이 성적이라는 획일적인 잣대로 평가받으며 치열한 경쟁 속에 살도록 내모는 세상에 동의할 수 없었다. 그러다 보니 일반 학교에 보내는 것이 썩 마음에 내키지 않았다. 다시 머리를 맞대고 논의한 결과 제대로 된 교육, 배운 것을 머리로만 아는 것이 아니라 삶에 자연스레 녹아들게 하는 학교를 만들어보자는 쪽으로 의견이 모아졌다. 사람마다 각기 다른 개성과 능력을 존중하고 인정하는 분위기에서 아이들을 교육하고 싶었다. 그런 만큼 방향도 뚜렷했다. "천천히 가더라도 아이들이 스스로 참여하고 재미있게 배울 수 있는 학교를 만들자!" 그래서 태어난 것이 삼각산재미난학교(이하 재미난학교)이다.

옆으로 개울이 흐르고 마당도 널찍한 2층짜리 단독 주택이 학교로 거듭났다. 부모들이 함께 출자하고 직접 소매를 걷어붙여 집을 손보았다. 재미난학교는 동시에 재미난마을의 본격적인 시작이기도 했다. 재미난학교에 이어 마을의 문화 공간이자 공동의 서가 역할을 겸한 마을 카페, 마을 극단, 목공소, 마을 밴드, 마을 대학 등 마을에서 재미나게 살고픈 사람들이 뜻을 모아 하나둘 마을의 재밋거리를 만들어나갔다.

초원이라는 별칭으로 불리는 권희정 (사)삼각산재미난마을 사무국장은 재미난마을이 만들어진 배경을 이렇게 말한다.

"대안 학교 부모들한테는 어느 정도 공통된 마음이 있었어요. 학교를 만들 때도 그랬지만 삶에서도 나 혼자 잘살자가 아니라 함께 나누며 살자는. 그런 것을 지향하는 사람들이 모이다 보니까 자연스레 마을이 만들어진 거죠. 나와 우리의 필요를 동시에 채워가는 공동체, 살며 배우며 소통하는 공동체를 만들면서 스스로를 더 잘 알게 되었고, 원하는 것을 찾아서 더 많은 이웃과 나누면서 재미있게 살게 된 곳이 재미난마을이에요."

재미난학교의 아이들은 국·영·수도 배우지만 그보다 더 재미있는 공부들을 많이 한다. 텃밭을 가꾸고, 재래시장 등으로 마실을 다닌다. 친구 집에 인사를 다녀오라는 숙제를 받기도 하며, 친구가 아프면 단체로 병문안도 간다. 골목의 이런저런 모습을 사진에 담는 수업도 한다. 마을 곳곳을 다니며 내가 사는 곳에 무엇이 자리 잡고 있는지 알아보고 함께 살아가는 사람들이 누구인지도 파악한다. 산교육이 따로 있지 않다.

재미있는 것은 재미난학교의 아이들이 교사에게 높임말을 쓰지 않는다는 것이다. 학생은 반말로 자기 의견을 교사에게 전달하고, 교사는 그 말을 경청하며 아이들과 진지하게 토론을 한다. 교사와 학생이 반말로 소통하는 것은 어느 한쪽이 기울지 않고 서로 수평적인 관계일 때 자기 생각을 자유롭게 표현할 수 있기 때문이다. 그렇다고 학교 밖에서까지 어른에게 말을 놓게 하는 건 아니다. 그것은 학교에서의 규칙일 뿐이고, 예절에 대해 올바른 판단을 하도록 가르치고 있다. 쉬는 시간, 점심시간도 일반 학교보다 두 배로 길다. 아이들이 더 자유롭게 뛰어놀 수 있고 여유로운 학교 생활을 할 수 있게 하기 위해서다.

마을은 어떻게 학교가 되는가!

"앎과 삶이 하나 되고, 배움과 나눔이 함께 있는, 더불어 살수록 재미난 마을공동체." 재미난마을을 설명하는 문구다. 재미난마을은 마을 그 자체로 하나의 학교이다. 학교는 마을이 되고, 마을은 학교가 되었다. 아이들만 교육을 받고 학교에서만 교육이 이루어지는 것이 아니다. 학교 밖에서도 마을 안 모든 이의 배움이 자란다.

재미난마을의 또 다른 자랑거리인 마을배움터도 그런 곳이다. 이곳에서는 마을 주민 각자가 갖고 있는 재능을 다른 사람들과 나눈다. 타로, 사진, 명상, 풍물, 기타 등을 배울 수 있고, 같은 공부를 하는 사람들끼리 동아리를 만들어 활동하기도 한다. 동아리는 마을 주민 누구나 원하면 만들 수 있고 동아리를 만들면 적은 금액이지만 지원도 받을 수 있다. 이런 식의 배움은 마을배움터에서만이 아니라 재미난마을 곳곳에서 이루어진다. 이런 배움의 기회가 넘칠 수 있게 된 것은 재미난마을이 10년 이상 쌓아온 신뢰와 역사가 있기에 가능한 것이다.

어떤 형태로 마을 활동을 하면 더 재미있게 지속적으로, 그리고 마을의 모든 주민들이 다 함께 참여해서 할 수 있을까를 고민하던 이들은 '(사)삼각산재미난마을'을 만들었다. 그러면서 동시에 "사업을 위한 사업은 하지 말자" "마을 구성원의 자발적 활동의 터가 되어주자"라고 기본 방향을 정했다. 최소한 마을 주민 다섯 명이 모여서 활동하는 동아리라면 그 돈을 어떤 용도로 쓰든지 상관하지 않고 무조건 5만 원씩 지원하는 '묻지 마 동아리 지원'도 그런 취지에서 나온 아이디어였다. 한 달에 한 번 이상 동아리 활동에 참여하고 재미난마을의 인터넷 카페 http://cafe.naver.com/maeulro53에 글을 올릴 것, 이것이 지원 조건의 전부이다. 동아리 활동은 여전히 재미난마을에서 이루어지는 배움과 재미를 가장 잘 보여주는 활동이다.

이런 동아리 활동도 재미난학교의 목적과 다르지 않다. 재미난학교의 교육 목적은 아이들이 개성을 맘껏 자유롭게 발휘하는 아이로 성장하도록 돕는 것이다. 이웃과 함께 사는 기쁨과 재미를 만끽하면서 다른 사람들과 조화롭게 사는 것이 성적을 올리거나 돈을 잘 버는 것보다 더 중요하다는 것을 아이들은 이 학교에서 배운다. 그런 배움이 몸에 밸 때 아이들은 자신을 당당히 드러낼 줄도 알고, 자기에게 필요한 것을 스스로 찾아서 익히고 타인과도 건강하게 관계를 맺어갈 수 있다.

그래서 바로 마을이 필요한 것이다. 예부터 한 아이를 키우려면 온 마을이 필요하다고 했다. 마을이 단순히 사람들이 모여 사는 곳으로 끝나지 않고 서로 소통하고 배려하고 돌보는 곳에서는 가진 것, 아는 것을 나누고 배우는 행위가 자연스럽게 이루어진다. 재미난마을은 이런 교육 철학을 바탕으로 서로 배우고 가르치고 소통하는 공동체를 만들어가고 있다.

그렇게 되기까지 이곳 역시 갈등이 없었던 것은 아니다. 아니, 어디든 갈등 없이 성장할 수 있는 곳이 있으랴. 재미난학교가 문을 연 뒤 교사 중심의 학교 운영 방식을 놓고 갈등이 빚어졌고, 부모 가운데 생각을 달리한 40퍼센트가 아이들을 다른 학교로 전학시키는 일도 있었다.

또 학교가 중등 교과 과정을 포함한 9년제로 잠시 바뀌었다가 6년제로 다시 전환하면서 약간의 갈등도 있었다. 이런 갈등을 겪으면서 재미난마을의 주민으로서 더 이상 활동하지 않겠다는 사람도 생겼다. 어쩔 수 없는 생채기였다.

하지만 재미난마을은 어떤 갈등이든 서로 만나 이야기를 나누며 접점을 찾는다. 수시로 모여서 생각을 표현하고, 그러면서 나름의 불문율을 만들어갔다. 이 과정에서 서로 배려하고 신뢰도 생겼다. 구성원 100퍼센트의 동의 아래 일을 추진하자는 것이 마을의 작동 원리로 자리를 잡았다.

마을 카페와 목공소에서 재미난 프로그램을

재미난마을에 사는 사람들이 가장 자주 모이는 장소는 '마을 카페 재미난'(이하 재미난카페)이다. 마을 배움터의 한 장소이자 사랑방 역할을 하는 곳이다.

재미난카페의 시작은 유기농 밥집이었다. 마을에서 아이들을 데리고 마음 놓고 먹을 수 있는 밥집이 없어서 안타까워하던 재미난학교 부모들이 작당 모의를 해서 만든 밥집이었다. 거기에 마을에서 즐겁고 유연하게 일할 곳이 있으면 좋겠다는 바람도 있었다. 그래서 "잘 먹고 보자"는 캐치프레이즈 아래 '재미난밥상'이라는 마을 식당을 열었다. 뜻을 모으고 출자금을 걷고 운영할 사람을 정해 협동조합 형태로 시작했다. 스무 명 이상의 마을 주민이 출자도 하고 직접 일도 하면서 1년 동안 운영해 나갔다. 그 과정이 쉽지는 않았다. 인근에 대형 식당이 생겨난데다 좋은 재료만 사용하다 보니 계속 적자가 났다. 식당을 정리하는 수밖에 없었다. 아쉬워하는 소리들이 곳곳에서 터져 나왔다. 결국 식당은 접되 그 자리에 카페를 해보기로 의견이 모아졌다.

"주민들이 식당 출자금도 돌려받지 않고 카페에 재출자하겠다고 하는 거예요. 시간 많은 동네 아줌마들을 '동남아'라고 부르잖아요? '동네에 남아도는 아줌마.' 그런 엄마들이 이곳에서 자원 봉사를 하는 거죠. 아이들이 오면 간식도 주고, 맞벌이부부는 카페에 아이를 맡기기도 해요. 또 재미있는 프로그램을 만들고 작은 공연이나 전시회, 음악회, 캠프도 열어요. 그렇게 하면서 카페에서 하는 일도 풍성해지고 드나드는 사람들도 많아졌어요."

재미난카페는 더 넓고 동네 주민들이 접근하기도 더 쉬운 곳으로 옮겨갔다. 그 덕분에 찾는 사람들도 더 늘어 마을 사람들의 놀이터 역할은 물론이고, 사람들이 만나고 배움을 주고받으며 공유 서가에서 자유롭게 책도 꺼내 읽을 수 있는 공간으로서 큰 사랑을 받고 있다. 이전의 카페 공간은 공동 주택으로 변신했다. 성미산마을의 '소통이 있어서 행복한 주택'(소행주)처럼 공동 주거 공간이 된 것이다. 이곳에서는 현재 아홉 가구가 공동 주거 실험을 하고 있다.

재미난마을에는 '마을목수공작단'이라는 유명한 마을 목공소도 있다. 공구 사용법부터 나무를 자르고 손질하고 마무리하는 것까지 배울 수 있고, 생활에 필요한 가구를 직접 만들어 가져갈 수도 있다. 마을에서 목공이 필요한 작업은 언제든 이곳에서 이루어진다. 다른 지역에서도 소문을 듣고 찾아올 정도다.

재미난마을이 지닌 외부의 관계망은 또 다른 재밋거리를 낳는다. 사람과 마을을 잇는 놀이와 축제도 그중 하나다. 재미난마을만의 축제는 없으나 강북구의 축제가 열릴 때 재미난마을도 동참해서 축제를 만들고 즐긴다. 극단을 만들 때도 그랬다. '극단 진동'의 대표로 있는 재미난마을 주민이 지도하면서 재미난마을에 아마추어로 꾸려진 '마을극단 우이동'이 만들어지기도 했다. 지역과 연계된 다양한 사업에 동참하고 사람들을 사귀면서 관계 또한 더욱 풍요로워진다. 재미난마을은 이처럼 외부와도 적극적으로 관계를 맺는다. 그리고 이제 몇 년 내에 마을 주민이 함께 즐길 수 있는 미디어, 건강한 가치를 담는 마을 신문을 발간하는 꿈도 갖고 있다. 그것도 크게 어렵지는 않을 것이다.

아이들에게 좀 더 나은 성장 환경을 만들어주고 싶어 시작한 재미난마을은 이제 마을 자체가 어른을 포함한 모든 구성원이 배우고 성장하는 학교가 되었다. 호기심, 상상력, 자유가 사람에게 필요한 성장의 생태 환경이라면, 재미난마을은 그런 것을 갖춘 공간이다. 이처럼 재미난마을은 마을이 그 자체로 하나의 학교가 될 수 있음을 생생히 증명해 보이고 있다.

교육 격차, 꿈 격차를 없애는 마을을 아시나요?

공릉동 꿈마을공동체

태어나고 자란 환경과 무관하게 개천에서 용이 나던 시절이 있었다. 그것을 가능하게 한 것은 교육이었다. 그러나 지금은 그럴 수가 없다. 교육은 부와 지위의 세습을 위한 수단으로 전락했고, 사교육(이라고 쓰고 '사육'이라고 읽는다)은 '격차 사회'를 부추긴다. 어릴 때부터 격차 사회를 당연한 것으로 받아들인 아이들은 더 이상 용이 되고 싶다는 꿈을 꾸지 않는다. 스스로 포기하는 것이다.

'공릉동 꿈마을공동체'(이하 꿈마을)를 만들려는 사람들 눈에는 그 점이 무엇보다도 안타까웠다. 함께 하는 교육이 있고, 함께 꿀 수 있는 꿈이 있다면 다르게 살아갈 수 있을 것 같았다. 굳이 다른 사람과 비교나 경쟁을 하지 않더라도 당당하게 주체적인 삶을 살 수 있게 만들고 싶었다.

꿈마을의 일원으로, 동기 부여 콘텐츠 및 프로그램을 개발하고 기획·진행하는 '모티브하우스'(서울시 예비 사회적 기업)의 기획팀장 곽수경 씨가 서울 서초구 반포동에서 노원구 공릉으로 둥지를 옮겨오면서 제일 먼저 생각한 것이 바로 그것이었다. '꿈 문화 기획자'라고 스스로를 소개하는 사람이라면 각자 자신만의 가치와 꿈을 통해 삶을 가꿔가는 사회를 만드는 것을 사명과 보람으로 여길 것이다. 그런데 공릉에서 만난 아이들은 공부를 하겠다는 의욕도 떨어지고 인생의 꿈도 없는 경우가 왕왕 있었다.

집이 가난하다고 꿈조차 가난해서는 안 된다는 사명을 갖고 동기 부여 콘텐츠와 프로그램을 개발해 오던 모티브하우스는 공릉 꿈마을에서 바로 이런 아이들에게 좀 더 동기 부여를 해주고 싶었다. 그렇다면 어떻게 마을과 만나 풀어야 할까? 곽수경 씨 앞에 던져진 화두였다.

공릉동 꿈마을공동체 태동하기 시작하다

잠시 시계를 돌려 모티브하우스가 공릉 꿈마을과 만나게 된 계기를 살펴보자. 모티브하우스는 한국사회적기업진흥원의 '사회적기업가 육성 사업' 1기로 선정된 팀(2011년)이다. 당시 모티브하우스는 그 위탁 운영 기관으로 자신들을 인큐베이팅해 주던 '사단법인 씨즈'의 '서초 창의 허브'에 입주해 사업을 운영하던 상태였다.

2011년 9월, 모티브하우스는 청소년 직업 체험 센터인 하자센터에서 '꿈의 날'이라는 행사를 기획해서 진행할 예정이었는데, 행사 당일 태풍이 몰아치는 바람에 수백 명이 참여할 예정이던 행사장에 단 몇 명

밖에 참석하지 않는 난감한 일을 겪었다. 그런데 그 몇 명 중에 이후 모티브하우스의 진로를 틀게 만든 사람이 있었다. 바로 이승훈 공릉 청소년문화정보센터장이었다. 얼굴이 커서 '덴마크'라는 별명을 지녔다는 그가 곽수경 씨에게 명함을 건네며 꼭 한 번 연락을 달라고 했다. 곽수경 씨도 왠지 반드시 연락해 봐야 할 것 같은 느낌이 들었단다. 연락을 하고 만나자 이승훈 센터장은 모티브하우스와 함께 해보고 싶은 일이 있다며 공릉으로 옮겨오면 어떻겠느냐고 제안했다. 깊이 고민할 필요도 없었다. 마침 서초 창의 허브에서 나와야 할 시점이기도 했다.

공릉동에는 경제적으로 열악한 처지에 있는 지역 내 아이들을 지원하기 위해 서울시에서 만든 대안교육지원센터(청소년문화정보센터)가 있는데, 이승훈 센터장은 이곳을 학교 밖 청소년들의 거점 공간으로 활용할 예정이라며 이 아이들이 대안 학교나 일반 학교로 들어갈 수 있도록 도와주는 프로그램을 함께 만들어보자고 했다. 모티브하우스에서 활동하는 청년들이 학교 밖 청소년들의 교사로 참여하기로 하고, 2012년 3월에 모티브하우스는 센터 내의 '나도꽃'이라는 이름의 거점 공간에 들어갔다. 마침 센터에서는 마을공동체 활동을 추진하고 있었고 모티브하우스도 이에 젖어들기 시작했다.

마을이 바뀌어야 아이들이 꿈꿀 수 있다

이승훈 센터장은 마을과 지역에 관심이 많았다. 마을이 바뀌어야 아이들이 안전하게 놀고 자신의 꿈도 찾을 수 있다는 지론이 있었다. 그리고 그것을 위해서는 아이들의 멘토 역할을 해줄 수 있는 젊은 사람과, 언제든 찾아갈 수 있는 공간이 마을 안에 있어야 한다고 생각했다.

문제는 마을에서 아이들에게 멘토 노릇을 할 수 있는 청년이 별로 없다는 점이었다. 그런 청년들이 있다 해도 마을보다는 외부로 나가서 활동하기 일쑤였다. 이승훈 센터장은 청년들이 마을에서 일하는 모습을 아이들이 자연스럽게 보고 배울 수 있으면 좋겠다는 생각에 모티브하우스의 청년들에게 그런 제안을 한 것이다. 동네 언니나 형, 누나가 옆에서 일하는 모습을 볼 수 있다면 아이들도 좋은 영향을 받을 것 같았다. 그런 면에서 모티브하우스는 마을 아이들이 모범으로 삼을 만한 청년 파트너들이 있는 조직이었다. 곽수경 씨도 이 점에서 이승훈 센터장과 생각이 일치했다고 말한다.

"모티브하우스가 생각하는 교육 내용과 이승훈 센터장의 생각이 잘 맞아떨어졌어요. 교육이란 교사가 지식을 수직으로 전달하는 것도 아니고, 그렇다고 둘의 관계가 수평도 아니죠. 우리는 어떤 위치에서 아이들에게 다가가는 게 좋을지 고민하고 있었어요. 그래서 생각해 낸 것이 대각선이었죠. 이모, 형, 누나, 언니 같은 존재들 말예요. 엄마에게 말하기 어려운 것을 말할 수 있는 그런 관계 있잖아요. 그렇게 수직도 수평도 아닌 중간에 있는 것이 우리의 역할이라고 봤어요."

그렇게 마을 안에서의 교육을 중시하는 사람들이 만났다. 중요한 것은 '사람'이라는 생각도 일치했다. 그런 생각에 동의하는 사람들이 계속 모이기 시작했다. 이들을 하나로 뭉치게 만든 열쇠말은 '교육'이었다. 교육을 통해 아이들을 변화시키고, 아이들이 안전하게 생활할 수 있는 공간을 만들고, 다양한 사람들이 어우러져 살 수 있도록 마을을 바꾸고 싶었다. 이런 생각들이 하나둘 쌓이면서 열쇠말에 살을 붙여나갔다. 그렇게 생각이 모이고 사람들이 연결되면서 공릉동 꿈마을이 꽃으로 피어나기 시작했다.

마을의 아이들과 모티브하우스의 청년들, 그리고 아이들의 부모 모두가 함께 피운 꽃이었다. 물론 그전부터 공릉에도 주민들이 만든 단체나 모임이 있었다. 극단이나 어머니회 등이 있었는데, 그중 공릉 청소년 문화정보센터라는 구심점에 모티브하우스가 결합하면서 공릉동 내 각종 단체와 모임 열여섯 곳이 가세해 꿈마을이 만들어진 것이다.

이승훈 센터장은 특히 공릉 꿈마을의 주역이 아이들이라고 강조했다. 한 번은 이런 일도 있었다. 경춘선이 멈추고 쓰레기가 방치된 굴다리를 어떻게 해야 좋을지 주민들이 골머리를 앓던 때였다. 그때 남자아이 한 명과 여자아이 다섯 명이 굴다리 벽에 그림을 그려보겠다고 나섰다. 어른들에게는 페인트를 사달라고 조르고 구청에 벽화를 그려도 되는지 묻는 편지를 써서 보내기도 했다. 그리고 함께할 주민들을 모았다. 마침 인근 서울여대에 벽화 동아리가 있다는 것을 알고 언니들에게 벽화를 그려달라고 부탁하고, 그려야 할 벽이 크다 보니 남자 대학생도 필요하다는 말을 듣고는 서울과학기술대의 형들도 꼬드겼다.

그렇게 100여 명의 사람들을 모았다. 세 살짜리 아이를 데리고 와서 함께 벽화를 그린 어른도 있었고, 간식과 음료수 등을 제공하는 동네 슈퍼 주인도 있었다. 각자 번갈아가면서 스케치를 하고 색칠도 하면서 동네 축제처럼 그림을 그렸다. 2011년 봄 아이들의 느닷없는 제안으로 시작된 벽화는 여름에 완성됐다. 마을은 그렇게 혼자서 할 수 없는 일을 여럿이 함께 함으로써 재미를 찾아갔다.(다만 이후 굴다리를 공원으로 정비하는 사업이 진행되면서 벽화의 흔적은 아쉽게도 사라지고 말았다.)

그러면서 다양한 마을 활동들이 꼬리에 꼬리를 물고 이어졌다. 엄마들이 주축이 돼 아이들을 위한 행사를 기획하고 진행하는 '든든한 이웃'이 만들어지고, 벼룩시장을 열거나 엄마들이 사서가 되어 책을 읽어주는 활동 등이 줄줄이 이어졌다. 청소년들도 자발적으로 센터 모임방에서 과학 동아리 활동을 하고, 지역 내 대학생들도 참여해 청소년 멘토 활동을 펼치는 등 다양한 주체들이 각자 할 수 있는 일들을 찾아서 스스로 해나갔다.

공릉동에 사는 사람이면 누구나 매달 한 번씩 열리는 마을 회의에 참석할 수 있고, 회의에서는 마을과 관련한 현안을 얘기하고 축제 같은 마을 행사 때는 함께 기획도 하고 역할도 나누어 맡는다. 이처럼 공릉동 내 주민과 단체, 모임, 기업 등이 어우러져 공릉동 지역 협의체 역할까지 하는 꿈마을은 이제 마을공동체로서 더 큰 꿈을 꾸기 시작했다. 아이들이 함께 꿈을 키워가는 마을, 배움과 가르침이 곳곳에 넘쳐나는 마을, 문화가 곳곳에 흐르는 마을, 이웃을 돌보며 더불어 살아가는 행복한 마을, 그런 마을을 만들고 싶은 것이다.

꿈마을을 가꾸면서 이승훈 센터장과 곽수경 씨가 판 발품도 상당했다. 서울과학기술대, 서울여대, 삼육대, 육군사관학교 등 공릉동 인근에 대학들이 많은데, 아이들의 형이나 언니 역할을 해줄 청년들을 모으고 싶어 이들 대학을 찾아가 설명회나 토론회를 연 적도 많았다. 특히 서울여대에서는 국제 리더십 학생 단체인 아이섹AIESEC과 함께 다섯 차례에 걸쳐 '청춘 TALK'라는 행사를 갖기도 했다. "몸도 마음도 멀어진 마을과 청년을 이어주자"는 목적 아래 일, 연애, 돈, 여행, 맛집 등 다섯 개의 주제로 행사를 진행했다. 그 과정에서 '부귀영화'(영화 모임), '부킹'(독서 모임) 같은 모임이 꾸려지기도 했다.

마을 축제를 만들다

꿈마을에 다양한 주체들이 활동하기 시작하자 마을 축제를 해보고 싶다는 꿈이 피어올랐다. 2013년 봄부터 공릉 청소년문화정보센터, 모티브하우스를 비롯해 지역 내 저소득층 아이들을 대상으로 지원 사업을 하는 '나눔연대', '극단 즐거운 사람들', '든든한 이웃' 등이 마을 축제를 기획하기 위해 한 자리에 모였다. 곽수경 씨는 마을 축제를 열게 된 과정을 이렇게 설명한다.

"마을 축제를 해보자는 아이디어는 이승훈 센터장한테서 나왔고, 그것을 실행에 옮기는 추진력은 마을에서 자라 마을을 잘 알고 공릉이 자기 삶과 일의 터전이기도 한 극단 즐거운 사람들의 김병호 단장에게서 나왔어요. 거기에 지역 내 다른 모임과 단체들도 힘을 보태 축제가 열리게 된 거죠. 주민과 학부모를 백그라운드삼아 5월에는 '와글와글 축제', 9월에는 '꿈나르샤 축제'를 열었습니다. 주민들의 호응도 좋았어요."

5월에 열리는 '와글와글 축제'가 어린이를 위한 축제라면, 9월에 여는 '꿈나르샤'는 주민들과 함께 지역 내 각종 모임이나 단체가 한 자리에 모여 자신들의 꿈을 다양한 끼와 재능을 통해 펼치는 축제이다. 2014년 9월 공릉중학교와 태릉초등학교에서 열린 4회 꿈나르샤 축제에는 40개 부스가 설치되었고 천여 명의 주민이 참여해 즐겼다. 대동제, 참여 마당, 공연 마당, 먹거리, 스포츠 마당, 나눔 바자회, 전시회 등이 시끌벅적 어우러지면서 축제를 흥겹게 만들었다.

이 두 축제는 마을공동체 활성화 차원에서 관공서의 예산 지원을 받아서 열었으나, 2014년 5월부터는 예산 지원을 받지 않기로 했다. 마침 세월호 참사 직후여서 사망·실종자들을 추모하는 내용을 담아 마을 축제를 벌였다. 예산 지원이 없는 만큼 축제 참여자들이 각자의 비용으로 부스를 차리고 필요한 경비는 십시일반으로 모았다. 축제의 체험비도 유료로 했다. 주민들도 대부분 돈을 내는 것을 이해하고 받아들였다. 음식 등을 팔아서 생긴 수익금은 마을 기금으로 모아 다음 축제에 활용할 수 있도록 했다. 곽수경 씨는 이 경험을 통해 축제의 다른 가능성을 꿈꾸게 되었다고 말한다.

"흥미로운 것은 축제를 하면서 주민들의 후원금이 많이 들어왔다는 점이에요. 많이 놀랐어요. 예산 지원 없이 축제를 할 수도 있겠구나 싶었죠. 축제를 자발적·자생적으로 해나갈 수 있도록 씨앗을 더 적극적으로 틔워봐야겠다는 생각도 들었고요. 아무리 작은 행사라도 마을 사람들이 스스로 참여하고 싶은 생각이 들도록 동기 부여를 해야겠다고 다짐했어요."

꿈마을은 또 "내가 사는 마을을 좀 더 알게 하자"는 취지로 노원구로부터 예산 지원을 받아 2014년 11월부터 이른바 '꿈마을 여행'을 시작했다. 사람들에게 공릉동의 유래와 현황에 대해서도 들려주고 마을 카페도 들르고 마을에 있는 극단의 연극도 관람하는 등 마을을 깊이 알게 하는 마을 투어다. 3킬로미터 남짓한 길지 않은 코스지만 마을 투어를 통해 동네에 대한 애정이 생겨났다는 등 마을공동체에 대한 주민들의 관심이 커지는 것이 보였다.

곽수경 씨는 꿈마을이 협동하는 주체들의 모임이라는 점을 강조하면서 이렇게 말한다.

"우리 공동체의 교육 철학에는 '협동'과 '공유'라는 가치관이 깔려 있어요. 프로그램을 세팅할 때도 그런 가치를 담으려고 하죠. 작은 일에서부터 협동하는 습관을 기르도록 프로그램을 짜는 겁니다. 이런 경험을 통해 나중에 좀 더 큰 협동도 할 수 있겠죠. 마을도 협동과 공유의 관점으로 바라보고 있어요. 주민들과 이렇게 함께하는 과정을 통해서, 지식은 학교나 학원 같은 전문 기관에서 배울 수 있지만, 사람들과 소통하고 연결하는 방법은 일상에서 배워야 한다는 걸 깨달았어요."

이승훈 센터장이 꿈꿨던 마을공동체는 이제 꿈마을이라는 이름으로 무럭무럭 성장해 나아가고 있다. 그는 마을 주민들이 함께하기에 가능한 것이라며 이렇게 덧붙인다.

"내가 사는 곳의 좀 더 나은 변화를 원했어요. 마을 일꾼들만 활동해서는 그런 변화를 가져올 수 없는데, 아이부터 청소년, 주민 모두 모였기에 가능했던 것 같아요. 파편화되고 흩어져 있던 사람들에게 각자 어떤 마을에서 살고 싶은지 묻고 함께 그 꿈을 가꾸면서 지난 4년간 많은 변화들이 생겼죠. 변화가 주는 감동들이 다음날, 다음달, 다음해를 살게 해주는 힘이 되고 있고요. 함께 꿈꿀 수 있어서 좋아요."

동네 형과 언니가 맡는 마을의 교육

모티브하우스는 공릉동 아이들의 꿈 교육이나 마을 축제 참여 등 마을에 녹아드는 과정을 통해 사업의 지혜와 힘을 키워가고 있다. 아이들에게 다양한 교육 기회를 만들어줄 수 있겠다는 자신감도 생겼다. 하지만 마을공동체 사업이 금전적인 이익을 발생시키지 않는다는 점은 고민되고 힘든 부분이었다. 또 마을의 의사 결정 과정이 기업의 일사불란한 의사 결정 과정과 다른 점도 적응하기 어려웠다.

곽수경 씨는 회의에 매번 참석해야 하는 것도, 행사 기획을 할 때 대가를 받지 않고 재능 기부자로 참여하는 것도 처음에는 익숙하지가 않았다. 마을 관련 일을 하기 위해서는 근무 외 시간을 들이는 것은 예사이고 신경과 관심도 곱절로 쏟아야 했다. 그럼에도 곽수경 씨는 모티브하우스의 대표 자격으로 마을의 회의나 모임이 있으면 꼬박꼬박 참석했다. 그러면서 마을공동체가 돈의 논리로 움직이는 기업과 달리 신뢰를 바탕으로 움직이며, 신뢰 관계를 형성하기까지는 오랜 시간이 걸린다는 점을 알아갔다.

곽수경 씨는 자신이 오랜 시간을 통해 깨달은 것을 마을의 청소년들도 언젠가 알게 되기를 바란다고 했다. 그는 꿈마을이 아이들이나 청소년들이 하나의 주체로서 작은 일이라도 직접 기획하고 실천해 보고 어른들은 아이들의 기획력이 부족해도 끝까지 믿고 밀어주는 경험의 공간이 되기를 바랐다. 그래서 그는 비록 온전하지 않더라도 아이들이 직접 마을 축제를 만들어 진행하고 어른들이 지원하는 모습을 상상해 본다.

"우리도 늘 고민해요. 우리가 아이들에게 주고자 하는 교육이 과연 아이들에게 적절한 것인지, 아니라면 누구에게 묻고 어떻게 다듬어가야 하는지. 사실 어떤 교육 전문가한테서 '너희가 하는 일의 근본이 뭐냐?'는 말을 듣기도 했어요. 근본이 없다는 말이죠. 하지만 우리는 아이나 청소년에게서도 배우고 얻겠다는 입장이에요. 이런 것은 마을이 움직이고 돌아가는 것과 같은 형태예요. 서로 만나면서 얻고 배우는 것이 많아요. 아이들과 어른이 배움을 주고받는 것이 자연스럽게 이루어질 수 있는 곳이 마을이라고 봅니다."

곽수경 씨에게는 모티브하우스나 꿈마을 모두 사람과 똑같은 유기

체다. 그러기에 마을 안에 쓸모없는 경험이란 없다! 지금은 비록 의미 없어 보이는 경험이라도 어느 순간 도움이 되고 힘이 되는 때가 온다. 아이들에게도 마찬가지다. 마을에서 언니, 오빠, 형, 누나를 만난 경험이 알게 모르게 아이들을 성장시킬 것이다. 그런 경험 하나하나가 아이들 마음속에 씨앗처럼 심어지고, 그 씨앗이 저절로 싹을 틔우며 언젠가 활짝 꽃을 피우는 날이 올 것이다. 교육이란 아이들 마음속의 씨앗들이 잘 자라 꽃을 피우도록 물을 주고 돌보는 것, 사랑으로 지켜봐 주는 것이 아닐까? 그런데 우리는 교육이라는 이름으로 아이들을 지나치게 몰아세우면서 우리의 뜻대로 '사육'하려고 드는 것은 아닐까?

"교육의 근본은 사람을 중심에 두는 것이라고 생각해요. 그런데 내가 사는 곳, 내 주변을 보지 않으면 사람이 보이지 않죠. 아이들은 어른보다 활동 반경이 넓지 않아요. 마을이 아이들의 주요 활동 범위인 셈이죠. 모티브하우스가 마을 활동을 하는 것도 교육이나 꿈의 격차를 줄이려는 우리의 목표가 마을에서 필요로 하는 것과 부합하기 때문이고요. 이제는 마을공동체가 뭔지 개념도 좀 잡히고, 즐겁게 마을 활동을 하고 있어요.(웃음) 이런 일이 돈이 되는지 아닌지 따지기부터 했다면 이 일을 오래 못했을 거예요. 교육이란 게 그런 것처럼 우리 일도 하나하나 경험해 가면서 천천히 기다리다 보면 열매 맺는 때가 오는 것 같아요."

마을은 단지 아이들만이 아니라 이 아이들 교육에 힘을 보태보겠다고 뛰어든 청년들에게도 똑같이 학교가 되었다. 주민들을 만나고 공동체를 만들어가는 과정에서 그들은 자기가 어떤 일을 어떻게 해나가야할지 방향을 더욱 확고히 다지게 되었다.

청년들이 마을에서 할 수 있는 일을 찾기는 어렵지 않다. 일과 삶이 마을에서 이루어지고, 그래서 마을에 자연스레 스며들 때 무슨 일을 해야 할지 저절로 알게 될 것이기 때문이다. 애써 새로운 사업을 벌이기보다 자신들이 이미 하고 있는 일로 얼마든지 마을에 스며들 수 있다. 형, 누나, 언니 들이 마을에 스며들어 공동체를 함께 일궈가는 모습을 보면서 아이들도 영향을 받고 꿈을 키울 것이다. 함께 어우러지면서 교육은 서로에게 영향을 미친다.

모티브하우스는 꿈 교육을 통해 청소년들에게 꿈을 꾸는 것이 얼마나 소중한지 깨닫게 해주고 싶다며 9월 9일을 꿈을 꾸는 문화의 날, 꿈의 날로 만들고 싶다는 꿈을 갖고 있다. 동시에 '유쾌한 청년수다'라는 마을 학교를 진행해 청년들과 마을 간의 거리를 좁히기 위한 노력도 기울이고 있다. 청년들에게 마을에서 관계를 맺어가는 법을 비롯해 마을에서 할 수 있는 일들을 알려주기 위해서다.

그런 관계들이 풍성해지면 자신만의 가치를 표현하고 실현하고 싶은 욕구도 더 커지고 그만큼 꿈도 더 자랄 것이다. 화랑대, 삼육대, 과기대 등 오래된 건물과 태릉선수촌, 육사 등을 엮어 역사 여행을 테마로 한 마을 여행을 기획한 것이나, 공릉을 지나는 철길을 테마 공원으로 꾸밀 생각을 하는 것도 모두 같은 취지에서다. 모티브하우스는 사무실을 2014년 11월 마포구로 옮겼지만 공릉에서의 꿈마을 활동은 계속하고 있다.

　마을 안의 아이들에게—결국은 마을의 주민들에게까지도—꿈을 갖게끔 도우려는 젊은이들이 있다는 것은 얼마나 다행한가? 많은 사람들이 언젠가부터 꿈을 꾸지 않게 된 이유는 또 다른 삶의 가능성을 잃어버렸기 때문이다. 당연하게 여기던 가치관과 방식에 문제가 많다는 것을 알았다 해도 그것에 익숙해져 다른 꿈을 꾸기 어렵다.

　여성학자 박혜란은《믿는 만큼 자라는 아이들》에서 이렇게 말한다. "내 생각으로는 어렸을 때 키워주어야 할 것은 인지 능력이 아니라 공부건 놀이건 즐기는 법을 가르치는 일이 아닌가 싶다. 그것도 엄마가 앞장서서 주입식으로 가르치려 들지 말고 아이가 스스로 즐기는 법을 터득하도록 충분한 시간을 주는 것이 좋다." 이것이 가능한 곳이 마을이다. 마을이 학교가 되어 돌아가는 꿈마을에는 바로 그런 교육이 둥지를 틀어가고 있다. "이렇게 살아라" "저렇게 행동해라"라는 훈계를 되풀이하는 것은 좋은 교육이라고 할 수 없다. 남과 더불어 사는 방법, 즐겁게 잘사는 방법을 일상에서 익히게 하는 것이 훨씬 더 좋은 교육이다. 마을공동체는 그런 것을 가능하게 한다.

우리는 마을에서, 일한다

마을에서 경제 활동을 한다는 것

마을에서 정상적으로 살기 위하여

아빠맘두부

"파리에 사는 주부들은 빵을 사다 묵히지 않는다. 식사를 할 때마다 그녀들은 빵집에 가서 빵을 사오고, 남으면 버린다. 식사란 모름지기 그래야 한다고 나는 생각한다. 두부만 해도 그렇다. 막 사온 것을 먹어야지, 밤을 넘긴 두부 따위 먹을 수 없잖은가, 하고 생각하는 게 정상적인 인간의 사고다."(무라카미 하루키)

은평구에는 이런 '정상적인' 인간의 사고를 하는 아빠들이 있다. 마을에서 두부를 만들고 배달하는 '아빠맘두부'의 아빠들이다. 밤을 넘기거나 유통 기한이 2주씩이나 되는 '두부 같은 것'은 이들에게 없다. 오늘 만들어 오늘 배달한다. 마을 사람들은 그래서 '아빠맘두부'를 따뜻하다고 말한다. 갓 만든 '따끈따끈'한 두부, 좋은 두부를 먹이려는 아빠의 따뜻한 마음이 담겨 있기 때문이다.

아빠맘두부의 단골인 서영숙 씨는 신선하고 좋은 식재료를 쓰기 때문에 아빠맘두부를 찾는다고 말한다. 그녀에게 다른 포장 두부는 '두부 비슷한 것'일 뿐 진짜 두부가 아니다. 그래서 아빠맘두부가 만든 두부를 먹기 시작한 뒤로는 마트에서 파는 두부를 사지 않는다. 입과 몸이 좋은 것을 알아버렸기 때문이다. 마음은 몸을 따른다.

과거 우리가 먹던 두부는 모두 그런 두부였다. 그러나 식품 대기업들의 브랜드 포장 두부가 마트를 비롯해 시장을 장악하면서 마을의 가내 수공업 두부가 사라졌고, 동시에 "뚜부~ 갓 만든 뚜부~"라고 외치는 소리도 골목에서 사라졌다.

갓 만든 두부는 물기가 많아 오래가지 못한다. 그러나 브랜드 포장 두부는 대부분 섭씨 80도에서 30분 동안 살균하는 과정을 거치기 때문에 유통 기한이 길어진다. 두부를 보름 동안 묵히는 것은 맛이 떨어지기 때문에 두부(맛)를 죽이는 일이다. 그런데도 우리는 포장 두부를 맛있다며 먹는다. 이유가 있다. 포장지에 적힌 성분을 살펴보라. 해바라기씨유나 식물성 유지 등이 첨가되어 있다. '브랜드 두부의 맛'을 만드는 중요한 성분들이다. 두부 고유의 고소한 맛이 아닌 첨가된 기름의 맛인 것이다. 우리는 그렇게 진짜 맛 대신 인공의 맛에 길들여졌다.

아빠들의 '의리투합', 아빠들의 '맨땅에 헤딩'

아빠맘두부는 박치득 씨를 비롯해 한 동네에 사는 아빠 네 명이 작당 모의해서 나온 결과물이다. 중년의 남자 넷, 그들은 직장을 다니거나 자영업을 하거나 은평 지역 내 시민 단체에서 활동하던 사람들로 모두 아이가 있는 아빠들이다.

"은평시민넷에서 10년 넘게 여러 활동을 함께 했어요. 의리로 뭉친 사이죠.(웃음) 지역에서 무엇을 할 수 있을지 여러 가지를 놓고 고민을 했는데, 안전한 먹을거리를 만드는 일을 하자는 쪽으로 의견이 모아졌어요. 그렇다면 마을에서 우리가 직접 한번 만들어보자, 의미도 있고 재미있게 할 수 있는 일을 해보자, 마을에서 만들어 팔던 옛날 두부처럼 우리도 맛있는 '진짜' 두부를 만들어보자! 그렇게 시작을 하게 된 거죠."

'의리'로 뭉친 아빠들은 동네방네 돌아다니며 집집마다 따끈한 두부를 공급하던 옛날 두부 장수 모습을 떠올렸다. 옛날 맛을 잃은 두부의 참맛을 찾아줄 수 있겠다 싶었고, 먹을거리 중에서 자본을 크게 들이지 않고도 할 수 있는 일이라 생각됐다. 두부는 또 남녀노소 누구나 즐겨 먹는 것이기도 했다. 로컬 푸드로서도 제격이라는 생각이 들었다. 대규모 자본에 의해 진짜 맛을 잃어버린 고유의 먹을거리라는 점도 두부를 선택하게 된 한 가지 이유였다.

그러나 두부를 만들어보자는 호기어린 결정과 달리 회사를 만들고 사업을 벌이는 과정은 쉽지 않았다. 평소 집에서 요리를 하던 남자들도 아니었고, 두부 만들기에 전문적인 지식을 가진 사람들도 아니었다. 더더구나 사업 경험도 없었다. 그야말로 '맨땅에 헤딩'하는 격이었다.

아빠들은 매일 저녁 만났다. 당시 회사에 다니고 있던 박치득 씨는 그때를 회상하면 힘들긴 했어도 즐거웠다고 말한다. 자신들이 지역의 먹을거리를 위해 할 수 있는 일이 생겼다는 것이 좋았다. 새롭게 자기들만의 일을 시작한다니 가슴도 두근거렸다. 매일같이 회의를 하고 아이디어를 나눴다. 공장 부지도 찾아다녔다. 적당한 가격에 쓸 만한 기계를 구하기 위해 발품도 팔았다. 두부에 대해 공부하고 직접 만들어보기도 하고, 경험 많은 사람들에게 자문을 계속 구하는 것도 게을리하지 않았다.

무엇보다 '맛있는' 두부를 만들고 싶었다. 원하는 맛이 나올 때까지 만들고 버리는 일을 되풀이했다. 어쩔 수 없었다. 연구에 연구를 거듭하고 실험에 실험을 거듭했다. 가족들은 본의 아니게 실험을 위한 '마루타'가 되었다. 이들을 응원하는 마을 주민들 역시 자청해서 마루타 역할을 하기도 했다. 그렇게 만든 두부를 마을의 아는 주민들에게 시식을 시키기도 했다. 이 정도 맛이면 되겠는지 여러 사람들이 맛보고 평가해 주는 게 큰 도움이 되었다. 세상 모든 것이 그러하듯, 하루아침에 건강하고 맛있는 두부가 만들어질 수는 없었다.

아빠들, 마을 두부를 만들다!

2012년 6월, 은평구 갈현동에 마침내 가내 수공업 규모의 두부 공장을 차릴 만한 공간을 구하고 시설을 갖춘 뒤 시험 생산에 들어갔다. 포장 두부와 다른 두부를 만들려면 포장 두부의 특성인 보존성을 포기해야만 했다. 박치득 씨는 이 과정에서 겪은 애로를 이렇게 말한다.

213

"두부를 오래 보존하기 위해서는 첨가제를 넣어야 하는데, 우리는 당연히 그것을 넣지 않습니다. 우리는 보존 기한이 짧은 문제를 해결하는 것이 과제였는데, 로컬 푸드를 표방한 만큼 은평 지역에서는 배달을 해야겠다 싶더라고요. 이런 문제를 해결하면서 두부를 완성하기까지 얼마나 애를 먹었는지 말도 마세요."

해결해야 할 문제가 한둘이 아니었다. 두부를 먹기만 할 때는 이런 문제에 대해서는 알 수가 없다고 박치득 씨는 웃으며 강조한다. 자신도 그냥 두부를 먹기만 하는 소비자였을 때는 아무것도 몰랐다. 두부를 만들어보니 먹는 것 하나하나에 들어간 노동과 정성이 보인다고 했다. 두부만 그러할까? 모든 먹을거리가 다 그럴 것이다.

식품 대기업들이 먹을거리의 생산에서 유통까지 모든 것을 장악함으로써 우리는 우리가 먹는 것이 어디서 어떻게 왔는지 알 수 없게 되었다. 대기업은 원가 절감을 이유로 싼 식재료를 선호하고, 먹을거리를 만드는 과정을 단순한 하청 노동 정도로 취급하고 있다. 그러면서 식품을 생산하는 사람과 소비하는 사람 간의 거리는 점점 멀어져갔다. 각종 화학적 공정이 가미되고 맛의 변질을 막기 위한 첨가물이 들어가도 소비자는 그 사실을 제대로 알 수 없다. 두부도 다르지 않았다.

아빠들은 두부를 만드는 공정 하나하나에 신경을 썼다. 좋은 콩을 찾았고, 과거 두부를 만들던 전통적인 직화 방식을 연구했다. 콩 본연의 고소한 맛이 살아있는 두부를 만들어야 했다. 수작업을 하다 보니 맛과 질을 일정하게 유지하는 것이 중요했다. 이전까지 두부를 사먹어 보기만 하고 제조 공정을 접하거나 생각해 본 적이 없는 남자들에게 이런 문제들을 해결해 가는 과정은 처음에는 아득해 보이기만 했다. 네 남자의 머릿속은 온통 두부 생각뿐이었다.

"직화 방식으로 두부를 만드는 전통 방식은 노동이 많이 필요한 방식이에요. 콩을 불리고 갈고 끓이는 과정이 다 분리되어 있어서 단계별로 노동이 투입되어야 합니다. 전체 과정이 기계로 자동화된 곳에서는 한 사람이면 충분하지만, 전통 방식에서는 그럴 수가 없어요. 또 그런 방식으로 일을 해야 하니까 고용 효과도 생기는 거고요."

아빠맘두부는 두부를 만드는 과정 못지않게 재료인 콩의 품질도 중요하게 여겼다. 콩에 따라 두부 맛이 판이하게 달라지기 때문이다. 여러 곳에서 생산한 콩으로 두부를 만들어보았다. 결국 좋은 콩을 구하는 게 관건이었다. 아빠들이 선택한 콩은 파주의 장단콩이었다. 장단은 비무장지대 안에 있는 지역의 이름으로, 옛날에 이곳에서 생산한 콩을 임금에게 진상했다고 한다. 가격이 비싸긴 하지만 유전자 조작 과정이 없고 맛이 뛰어나다는 장점이 있었다. 아빠맘두부는 파주의 영농법인과 계약을 맺고 그곳 콩만 사용하고 있다.

그들이 중요하게 생각한 또 한 가지는 자신들이 만든 두부를 사서 먹는 주민들과 관계를 맺는 일이었다. 마을기업이 살아남기 위해 가장 필요한 덕목이었다. 그들은 두부를 본격적으로 판매하기 전 주민들을 대상으로 수차례 시식회를 가졌다. 주민들의 피드백은 품질을 높여가는 데뿐 아니라 아빠맘두부를 알리는 데도 중요한 역할을 했다. 주민들을 상대로 브랜드 공모도 했다. 50여 개나 되는 후보명이 들어왔다. 주변의 아는 사람들을 대상으로 선호도 투표를 거쳐 '아빠맘'이 회사 이름으로 최종 결정되었다. '아빠맘두부'의 탄생이었다. 두부도 모르고 사업도 모르던 동네 아빠 네 사람이 자신과 가족, 나아가 마을 사람들을 위해 할 수 있는 일을 찾으면서 얻게 된 이름이었다. 그렇게 해서 2012년 11월 '아빠맘두부'는 정식으로 문을 열었다.

지역 사회에 좋은 먹을거리를 제공하고 좋은 일자리를 창출하는 데 힘을 쓰기로 다짐하고, 살맛나는 마을공동체를 만들고 지역 경제를 활성화하는 데 조금이나마 기여할 수 있으면 좋겠다는 염원을 품게 된 것도 모두 두부를 만드는 일을 생업으로 삼으면서 비롯되었다. 하루키가 말한 '정상적인' 사고로 '정상적인' 삶을 살 수 있도록 도와준 것도 따지고 보면 두부를 만들기 시작하면서부터였다.

아빠들, 뚜벅뚜벅 길을 걷다

아빠맘두부의 반응은 좋았다. 큰 식품 회사들이 만들어 파는 포장두부가 보존성을 강조하면서 맛을 잃은 데 반해 보존성을 포기한 대신 맛을 되살린 덕분이었다. 한두 번 왔다가 그 맛에 반했다며 지속적으로 배달을 받는 단골도 생겼다. 아이에게 맛있고 건강한 두부를 줄 수 있어 좋다는 주부도 있었고, "믿고 먹는 아빠맘두부"라는 얘기도 들었다. 동네에 믿을 수 있는 두부 가게가 있어서 마음이 든든하다는 주민도 있었다. 박치득 씨는 그런 칭찬들이 자신들이 세운 원칙에서 비롯된 것이라고 강조한다.

"우리 두부는 보존 기한이 짧아요. 당일 생산, 당일 판매, 당일 소진이 원칙이에요. 물론 지키기 쉽지 않죠. 오늘 만든 것은 오늘 소비하는 것이 원칙이지만 정 안 팔리면 익일까지는 팔아요. 당연히 손님들에게 오늘 만든 두부가 아니라고 말씀을 드리죠. 그런 원칙을 지켜서 만드니까 당연히 대기업 포장 두부와는 맛이 다를 수밖에요."

문제는 브랜드 포장 두부에 익숙한 소비자들의 구매 패턴이었다. 맛만 좋다고 되는 것이 아니었다. 지역의 소득 수준이 전반적으로 높지 않다는 것이 아빠맘두부 확산에 걸림돌로 작용했다. 그래서 가격을 브랜드 포장 두부보다 낮게 책정했지만 일반 시장에서 파는 값싼 수입 두부보다는 비쌀 수밖에 없었다.

처음 아빠맘두부를 열었을 때는 기대만큼 두부가 팔리지 않았다. 그렇다고 뒷짐 지고 가만있을 수는 없었다. 적극적으로 마을 안으로 뛰어들어 아빠맘두부를 알렸다. 은평구에서 열리는 은평 누리축제, 상림마을 물푸레 상상축제, 갈현동 와글와글 골목 상상축제, 도시농부장터 마르쉐 등 이런저런 마을 축제는 물론 광역 단위 행사에도 적극적으로 참여하여 주민들에게 두부를 직접 만들고 맛보는 체험 기회를 제공했다. 체험 행사와 시식회를 함께 하느라 뻘뻘 땀을 흘리기 일쑤였지만, 행사는 매번 많은 사람들로 왁자지껄 성황리에 진행되었다.

끓인 두유에 간수(해양 심층수)를 치고 응고시킨 뒤 모양을 만들고 잘라서 하나하나 포장하는 것까지 전 과정을 직접 경험해 보기는 처음이라 서인지 행사에 참여한 사람들은 하나같이 흥겨워했다. 사람들은 자신이 만든 두부에 이름을 적어 집으로 가져갔다. 모두들 태어나 처음 만들어보는 두부였을 것이다. 준비해 간 재료가 모두 소진될 정도로 체험 행사는 매번 큰 호응을 얻었다.

"사실 이런 축제에 나가면 우리는 엄청 고생이에요. 돈을 버는 것도 아니고요.(웃음) 주민들에게는 새로운 체험이다 보니 다들 흥미로워해요. 반응이 꽤 좋죠. 안전하고 건강한 먹을거리에 대한 열망이 점점 커진다는 걸 느낄 수 있고요. 여건만 되면 힘들어도 이런 체험 행사를 더 자주 해보고 싶어요."

아빠들은 마을에서 두부를 직접 만들어 파는 것 외에 그들만이 할 수 있는 다른 일도 꿈꾸고 있다. 은평구 밖의 다른 지역에서도 건강한 두부를 만드는 마을기업의 창업을 돕는 것이다. 지역 주민에게 일자리가 생기고 지역 내 소비자들이 건강한 먹을거리를 사 먹음으로써 '지역순환 경제'가 자연스레 만들어지면 좋겠다는 생각에서다.

지역 경제, 골목 상권을 살릴 수 있는 방법은 지역에서 생산되는 제품과 서비스를 지역 주민들이 이용하거나 구매하는 것이다. 일본에서는 이를 제도적으로 지원하기도 한다. 지역에서 생산된 제품이 대기업에서 만든 상품과 경쟁하는 것은 '불공정하다'는 인식 때문이다. 아빠맘 두부가 지역의 브랜드로 자리 잡는다면 이런 불공정한 환경에 균열을 내는 일이 될 것이다.

외부의 지원 없이 스스로의 힘으로 살아남아야 한다는 생각에 아빠맘두부는 마을기업 공모에도 일부러 지원하지 않았다. 다행히도 아빠맘두부는 여전히 주민들의 환영을 받고 있다. 아빠맘두부를 먹다가 그만 먹겠다고 한 사람은 지금까지 한 명도 없었다. 아직까지 재정이 넉넉하지는 않지만 이를 안정시키면서 다른 마을에도 자신들의 노하우를 전수하고 싶다는 것이 박치득 씨의 바람이다.

"마을에서 생산한 두부를 꼭 먹어야 한다고 말할 수는 없지만, 분명한 것은 사람들이 맛있고 안전한 것을 먹을 권리가 있다는 거예요. 그런 면에서 저희같이 먹을거리를 만드는 마을기업의 생명은 신뢰가 아닐까 해요. 아빠맘두부는 주민들에게 안전하고 맛있는 두부로 인정을 받고 점점 신뢰를 쌓아가고 있습니다. 우리 두부를 드신 분들은 이내 단골이 되고요. 우리의 노하우를 다른 지역의 관심 있는 사람들에게 전수해 드릴 생각도 있어요. 그게 잘되려면 우리가 분명한 성공 사례가 되어야죠. 재정적으로도 안정된 모습을 보면 다른 지역이나 마을에서도 두부를 직접 만들어 팔고자 하는 분들이 많이 생길 것 같아요."

빵과 두부, 프랑스와 한국

이 글의 앞머리에서 언급한 프랑스로 다시 돌아가 보자. 프랑스에는 대도시건 시골이건 어디에 가도 볼 수 있는 것이 동네 빵집이다. 빵집은 초등학교, 우체국, 성당 등과 함께 마을을 이루는 기본 요소 중 하나다. 프랑스 사람들은 대규모 공장이나 대기업이 아닌 동네 빵집에서 갓 구워 파는 신선한 빵을 주로 사 먹기 때문이다.

그들은 어쩌면 "인간의 따뜻한 손으로 만든 빵 대신 차가운 기계가 만든 빵을 먹는다는 건 인간의 존엄성을 상실하는 일"이라고 말할지도 모른다. 이런 '정상적인' 사고를 하는 프랑스 사람들 덕분에 프랑스에는 20만 명 이상의 사람들이 빵을 만들어 파는 일을 하고 있다. 맛있는 바게트를 파는 파리의 동네 빵집들을 소개하는 책이 출판되었을 정도다.

우리도 과거처럼 마을마다 직접 두부를 만들어 파는 집들이 생기고 갓 만든 신선한 두부를 사 먹는 '정상적인' 사고를 하는 사람이 많아지면, 마을마다 돌아다니며 서로 다른 두부 맛을 비교하고 맛있는 두부를 파는 마을 두부집을 소개하는 책이 나올지도 모를 일이다. 그런 책이 나온다면 아빠밤두부는 어떻게 소개되어 있을지 궁금하다. 아니면 세계 최고 권위의 식도락 안내서인《미슐랭 가이드》의 별점이 서울 곳곳에 생겨난 마을 두부집에도 찍힐지 모르겠다.

결혼 이주 여성들이 함께 꾸리는 마을 기업
마을무지개

.

　서울 은평구 불광동에 위치한 은평구립도서관 다문화자료실이 왁
자지껄하다. 열 명 남짓한 초등학생들이 어디 여행이라도 떠나는 양 약
간은 들뜬 모습으로 모여 있다. 아니나 다를까, 이날은 인도네시아로
'떠나는' 날이다. 인도네시아 전통 의상을 입은 선생님 한 명과 보조 선
생님 한 명이 초롱초롱한 눈망울의 아이들을 안내하려는 듯 서 있다.
아이들에게 인도네시아 어로 인사말이 소개된다.

　"오전 7시에서 11시까지는 '살라맛 빠기Salamat pagi'라고 인사하고,
11시부터 오후 3시까지는 '살라맛 시앙Salamat siang', 3시부터 7시까지
는 '살라맛 소레Salamat sore', 그리고 해가 진 뒤로는 '살라맛 말람Salamat
malam'이라고 인사를 해요."

　시간대별로 다른 인도네시아 인사말에 아이들은 신기할 따름이다.
'안녕하세요'라는 간단한 인사 하나가 아니라 시간대별로 달리한다는

것이 꼭 영어 같다고 한 마디 던지는 아이도 있다.

인도네시아에 대한 소개도 빠지지 않는다. "인도네시아 전역에 1만 7천여 개의 섬이 있고, 수도는 자카르타로 '자바'라는 섬에 있단다." 한국에서는 볼 수 없고 인도네시아에만 있는 코모도 도마뱀, 수마트라 호랑이, 안경원숭이 등 동물 이름이 소개될 때마다 아이들은 탄성을 지른다. 인도네시아 전통 의상은 더욱 아이들의 관심을 끈다. 한국에서는 볼 수 없는 옷을 눈앞에서 만났기 때문이다. 특히 인도네시아 남자들이 입는다는 치마를 보고는 한 아이가 궁금함을 못 참고 묻는다.

"인도네시아에서는 왜 남자들이 치마를 입어요?"

"인도네시아에서는 옛날부터 남자들이 치마를 입었어요. 그것이 한국과는 다른 인도네시아만의 문화랍니다."

남자가 치마 입은 모습을 생전처음 보는 아이에게는 그저 신기할 따름이다. 그리고 직접 인도네시아 전통 의상을 입어본다. 작은 꼬까옷 같은 인도네시아 의상을 입고 사진을 찍는다. 한 아이가 외친다. "우와, 꼭 인도네시아에 온 것 같아요."

그것으로 인도네시아 여행은 끝이 아니다. 쌀 포대 같은 것에 몸을 절반쯤 넣고 콩콩 뛰어서 반환점을 돌아 누가 일찍 시작점에 들어오는지 경주하는 인도네시아 전통 놀이 '발랍까룽'도 배워서 단체 경주를 해본다. 이 인도네시아 전통놀이는 농사를 짓던 부족민들이 화합을 도모하기 위해 즐겼던 놀이라는 설명이 따른다. 흥겨운 놀이를 마친 아이들에게 선생님이 직접 만든 인도네시아의 반찬과 과일도 먹는다. 처음

보는 먹을거리 앞에서 아이들이 주뼛대기도 하지만 이내 입에 넣어보고는 오물오물 맛있게 먹는다. 인도네시아의 노래와 그림, 전래 동화 등을 만나면서 아이들의 인도네시아 여행은 끝을 맺는다.

은평구에서는 이렇게 먼 길 떠나지 않고도 아시아 여행을 할 수 있다. 앞서 아이들에게 인도네시아를 접하도록 해준 것은 '함께 가는 아시아 여행'이라는 이름의 교육 프로그램이다. 인도네시아 외에도 베트남, 일본, 캄보디아, 중국 등의 요리, 언어, 놀이, 노래와 춤, 의상 등 각 나라의 풍습과 문화를 접할 수 있다.

이 여행은 마을기업 '마을무지개'를 통해서 가능하다. 은평구에 거주하는 결혼 이주 여성들이 각자 자기 나라의 풍물과 문화를 주민들과 아이들에게 소개하고 나눈다. 덕분에 돈 들여 먼 길 떠나지 않고도 내가 사는 곳에서 아시아를 만날 수 있다. 언어도 잘 통하지 않는 한국에 와서 주눅 들고 살던 이주 여성들에게도 이 프로그램은 내가 사는 곳에서 자신이 할 일이 생겼다는 자신감과 자존감을 맛보게 하는 좋은 기회였다.

결혼 이주 여성들의 마음을 엿보다

그 시작을 만나기 위해 2006년으로 시계를 돌려보자. 아들을 고등학교에 보낸 40대의 평범한 주부 전명순 씨는 소일거리삼아 주민센터에 결혼 이주 여성들에게 한국어를 가르치는 강사로 등록했다. 사심도 조금은 있었다. 중국어를 하는 이주 여성을 만나 중국어를 배우고 싶었던 것이다. 그의 말마따나 "다분히 계산적인 의도"로 결혼 이주 여성들을 처음 만났다.

그는 이전까지 남편이 가져다주는 월급으로 집안을 꾸리는 보통의 주부였다. 논술 강사를 해봤고 지역 봉사 경험도 있기는 했으나 자신이 직접 어떤 일을 시도해야겠다는 생각은 단 한 번도 해본 적이 없었다. 그해 3월, 열 명 남짓한 결혼 이주 여성들로 한국어 교실이 꾸려졌고, 봄 햇살 따스한 5월의 어느 날 야외 수업을 떠났다. 좁은 교실을 떠나 야외 수업을 빙자한 소풍에 나선 것이다. 전명순 씨는 그날을 잊을 수가 없다. 마을무지개의 시작점이 되기도 한 날이기 때문이다.

"소풍이 끝날 무렵, 한국에 와서 가장 기쁘거나 슬펐던 일 하나씩 이야기해 보자고 했어요. 한 명씩 돌아가며 이야기를 하고 중국에서 온 여성의 차례가 됐어요. 얼굴에 수심이 가득한 임산부였는데, 한국인 남편이 '중국으로 돌아가'라고 말했던 게 가장 슬펐다고 하더라고요. 남편의 말은 못 알아들었는데, 느낌으로 그걸 알아챘다고 하더라고요. 충격이었어요. 이런 아픔이 있는 이분들을 보듬을 수 있었으면, 내가 할 수 있는 뭔가가 있었으면 싶더라고요."

전명순 씨는 자신이 할 수 있는 작은 일부터 찾았다. 수강생들의 정서와 마음을 나누기 위해 집으로 초대해 함께 밥을 먹고 차를 마시며 이야기를 나누었다. 그러자 수강생들도 자기 집으로 그를 초대했다. 마음으로 가까워지기 시작했다. 그러면서 그들에게 일자리나 경제 활동에 대한 욕구가 있다는 것을 확인했다. 전명순 씨의 고민은 점점 더 깊어졌다. 한국어 교실 외에 이들의 정서와 욕구를 보듬을 수 있는 다른 것이 더 필요하다는 생각이 들었다.

2007년 은평구 대조동 주민센터 내 작은 도서관인 '어린이꿈나무도서관' 측과 머리를 맞댔다. 예산 규모는 크지 않으나 결혼 이주 여성들의 정서 문화 지원을 위한 동아리 활동을 해보기로 하고 '예쁘지 않은 꽃은 없다'는 이름의 프로그램을 만들었다. 전명순 씨는 다문화사업팀장을 맡아 음식, 바느질, 노래, 책읽기 등 총 15회에 걸친 프로그램을 진행했다. 결혼 이주 여성들과 한글 교실을 넘어선 첫 만남이었다. 다문화 관련 프로그램이나 사업은 이주 여성들이 절반만 출석해도 성공이라는 세간의 말이 무색하게 그들은 90퍼센트 이상의 높은 출석률을 보였다. 전명순 씨와 이주 여성들은 더욱더 친밀한 사이가 되었다. 그러다 보니 이주 여성들이 종종 그에게 속내를 드러내며 부탁을 하기도 했다. "부업할 것 있으면 알려주세요."

그러던 중 마을기업으로서 마을무지개가 탄생하게 되는 또 하나의 계기가 찾아왔다. 이주 여성들의 정서적 아픔을 깨닫게 해준 중국 여성과 '만만디'라는 중국어에 대해 이야기를 나누던 때였다. 한국에서 '게으르다' '느릿느릿하다' 등의 부정적인 의미로 통용되는 이 말이 실제로 중국에서는 다른 의미로 쓰인다고 했다. 넓디넓은 중국 땅에서 생존하기 위해서는 매사에 천천히, 신중하게 행동할 필요가 있는데 그런 의미에서 이 말이 나왔다는 것이다.

전명순 씨는 이런 문화적 맥락을 이해하는 것이 흥미로웠다. 이런 것을 다른 사람들도 알면 좋겠다는 생각이 들었다. 냉큼 아이디어를 내 '중국을 배워요'라는 프로그램을 만들었다. 아이들이 중국 요리와 중국어, 중국 노래 등 중국 문화를 배우는 프로그램이었다. 그 중국 여성을 '선생님' 자리에 서게 했다. 수강 인원은 금세 찼다. 한 명당 1만 원씩 열 명으로 한 반을 채워 수강료로 10만 원을 받았고, 재료비 등을 제외한 나머지 8만 원을 중국 여성에게 건넸다.

그 여성은 "한국에 와서 처음 벌어본 돈"이라며 감격에 겨워했다. 전명순 씨도 덩달아 기뻤다. 이런 프로그램이 결혼 이주 여성들의 자존감을 높이는 데 큰 도움이 된다는 것을 확인할 수 있었다. 이런 프로그램을 잘 만들면 무언가 더 해볼 수 있겠다는 생각도 들었다. 그 중국 여성이 전명순 씨에게 이렇게 말을 건넸다.

"시장에서 파를 한 단 사려고 한국말을 어렵게 연습해서 갔는데, 막상 말을 하니까 사람들이 나만 쳐다보는 거예요. 그 후에 시장에 가서 말을 못하겠어요. 그때 일이 생각나고, 사람들이 나만 쳐다볼까봐…… 그렇게 자신 없었는데 나를 선생님이라고 부르는 아이들이 생기니까 뭐라고 설명할 수 없을 정도로 좋아요. 자부심이 생겨요."

전명순 씨는 주민자치위원회에 이런 프로그램을 상설로 진행하는 것을 마을 의제로 제안하면서 이주 여성들을 위한 모임도 만들면 좋겠다고 건의했다. 그렇게 해서 베트남, 몽골, 대만, 일본, 필리핀, 캄보디아 등 아시아 각국 여성들이 주민자치회관에서 자국의 문화를 가르치는

선생님이 되었다. 그들이 스스로 커리큘럼을 짜고 주도적으로 내용을 채우면서 이른바 '배워요' 시리즈가 줄을 잇기 시작하자 아예 이를 하나로 묶어 '함께 가는 아시아 여행' 프로그램을 탄생시켰다. 프로그램에 참여한 마을 아이들도 집중해서 즐겁게 듣는 것이 눈에 보였다.

한계도 있었다. 수강료가 싸다 보니 결혼 이주 여성들에게 제대로 된 수입이 되긴 어려웠다. 서울시 교육청이나 은평구청 등에서 진행하는 500만 원에서 1천만 원짜리 공모 사업을 통해 지원을 받아 진행해보기도 했지만, 이주 여성들에게 충분한 강사료를 지급할 정도는 되지 못했다. 그러다 보니 프로그램에서 이탈하는 이주 여성도 생겼다. 전명순 씨의 고민이 다시 깊어졌다.

"그런 와중에도 조금씩 강의의 틀이 갖춰지고 나름 진화를 해갔어요. 처음에는 종이쪼가리를 오려 붙여서 수업을 진행하는 수준이었는데, 나중에는 자기 나라 특산품을 직접 사와서 진행하는 거예요. 재미도 생기고, 자기 문화를 알리는 것에 대한 자부심도 생기기 시작한 거죠. 그런데 문제는 결혼 이주 여성들에게 돈을 더 많이 주겠다는 일자리 제안 같은 것이 오면 나간다는 거예요. 상황이나 처지가 이해는 되지만 그렇다고 왜 실망이 안 되었겠어요?"

마을기업 마을무지개를 띄우다

2011년, 마침 마을기업을 선정하는 공모 사업이 있다는 소식을 듣게 되었다. '다문화 여성과 함께 커뮤니티 비즈니스를 꿈꾼다'는 콘셉트로 마을기업 공모에 신청했고, 은평구의 마을 도서관 중 하나인 '마을N 도서관'의 사업단 형태로 마을기업에 선정되었다. 한 번도 회사라는 걸 해볼 생각도 못했고 회사를 어떻게 설립하는지도 몰랐던 전명순 씨가 마을기업 마을무지개의 대표가 되었다. 얼떨결에 마을기업에 선정은 되었으나 어떻게 운영하면 좋을지 난감하고 또 난망하기만 했다. 함께 하고 있는 결혼 이주 여성들의 일거리도 계속 만들어내야 했다. 다행히도 아는 사람으로부터 은평구 근처의 텃밭에서 농사를 짓도록 허락을 받고 농작물 재배와 판매, 효소·김치 판매 등을 해보기로 했다. 텃밭 농사를 지으면서 이주 여성들의 가족 간에 만남이 이루어지기도 했다. 이전에는 어떤 프로그램을 해도 나오지 않던 이주 여성의 남편들이 하나둘 텃밭에 나오기 시작했다.

그러나 텃밭 농사를 사업화하는 것은 결코 쉬운 일이 아니었다. 3개월 정도 지나자 한계가 분명하게 드러났다. 꾸준히 농사를 지을 만한 노동력도 부족하고, 농사를 잘 지을 수 있는 노하우나 능력도 없었다. 그러니 농작물을 상품화해서 수익을 내기가 어려웠다. 즐거움은 사라지고 일만 남았다. 농작물을 재배하고 팔아서 남는 수익의 허와 실도 알게 되니 농사지을 의욕도 떨어졌다.

마을무지개 구성원들과 어떻게 할지 의논했다. 그런데 뜻밖에도 "실패하더라도 끝까지 가보자"는 결의가 그 자리에서 이루어졌다. 비록 장렬하게 산화할지언정 이윤의 극대화보다는 가치의 극대화를 꾀하기로 마음을 모은 것이다. 전명순 씨는 당시를 이렇게 말한다.

"자존심이었어요. 성공한 마을기업의 모델만 있는 것은 아니니까, 실패를 제대로 알려주는 것도 좋지 않을까 생각했죠. 결혼 이주 여성들의 자존감을 찾아준 성과는 있으니 우리의 가치는 그것만으로도 충분하다고 봤고요. 사업적으로 실패를 해도 가치를 찾았다고 생각한 거죠. 그해 12월 마을기업 사례 발표회가 있었는데, 우리가 겪은 어려움을 말하자 굉장히 많은 격려를 받았어요."

2011년 1차년도 사업은 지지부진했고, 사업을 꾸리는 것 자체가 너무 힘들었다. 그래서 이듬해 2차년도에도 마을기업 지원이 연장되리라 기대조차 하지 않았다. 그러나 노력이 가상해서였는지 마을N도서관으로부터 분리·독립을 한다는 조건으로 마을기업 지원이 연장되었다.

진짜 독립을 하게 된 마을무지개는 2차년도에는 사업적으로 잘할 수 있는 것에 집중하기로 했다. 농사보다도 '함께 가는 아시아 여행'이 자신들이 더 잘할 수 있는 것이었다. 여기에 역량의 80퍼센트를 집중하기로 했다. 다문화 교육을 제대로 한번 해보자는 쪽으로 합의가 이루어졌다. 앞서 주먹구구식으로 패널을 제작해서 강의하던 것을 워크북(교재)으로 체계적으로 정리하고 CD로도 만들어 스크린을 통해 수업을 진행했다.

"마을기업 지원금을 참 잘 썼어요. 그 돈이 없었다면 기업 운영이 잘 안 됐을 거예요. 물론 아직도 비영리적인 성격을 다 벗지 못했고, 텃밭과 같은 비영리적인 활동에 향수도 갖고 있어요."

그래서 마을기업 1차년도에 자신들을 힘들게 하던 도시 텃밭을 아예 포기하지는 않기로 했다. 사업적으로는 타당성이 없어도, 결혼 이주 여성들의 정서적 어려움을 해결하는 데는 텃밭 농사가 좋았기 때문이다. 텃밭은 그래서 사업보다 즐거움을 누릴 수 있는 만큼만 하기로 했다. 농산물 판매가 아닌 체험 학습 중심으로 텃밭 농사를 하니 농사일도 줄고, 무엇보다 농사가 즐거워졌다.

전명순 씨는 마을무지개의 가장 큰 의의가 함께 일하는 사람들을 '사회적 인격체'로 만들어준 데 있다고 여겼다. 그런 점에서 2차년도에는 앞선 연도와 달리 결혼 이주 여성에게 적은 금액이라도 출자를 하도록 권유해 마을기업의 일원으로서 자부심을 갖게 했다. 전체 직원 21명 가운데 한국인 다섯 명은 200만 원씩, 결혼 이주 여성은 10만 원씩 내도록 했다. 그러나 결혼 이주 여성들은 대부분 출자에 대한 개념이 없어서 남편들에게 일일이 전화해 취지를 설명하는 과정을 거쳐야 했다.

"결혼 이주 여성들은 대다수가 경제 활동을 하고 싶어 해요. 그런데 마을무지개를 통해 자기만의 콘텐츠로 경제 활동을 한다는 사실에 상당히 고무가 됐지요. 정서적으로 좋아진 점까지 보면, 단순한 경제 활동 그 이상이었어요. 인도네시아에서 온 한 여성은 산업연수생으로 한국에 와서 결혼한 경우인데, '함께 가는 아시아 여행' 수업을 하러 간다고 하면 남편이나 시어머니가 언제든지 가라고 한다는 거예요. 이전에는 친구 만나러 간다고 해도 타박을 했는데, 수업하러 간다면 태도가 달라진다는 거죠. 그 여성을 사회 속의 한 사람으로 만들어준 것 같아서 기분이 참 좋아요."

마을무지개 안에도 갈등이 존재한다. 다른 나라에서 온 사람들이 한데 모여 있다 보니 문화적 차이로 인한 갈등이 빚어질 수밖에 없다. 이럴 때는 전명순 씨가 중재를 하기도 한다. 함께 모여 서로의 차이를 드러내고 조율해 나아가는 것이다. 그래도 갈등이 해소되지 않는다 싶으면 수업 파트너를 바꾸기도 한다.

그런 과정에서 전명순 씨는 자기 중심성이 강하던 자신부터 바뀌고 있는 것을 느낀다. 그는 그것을 "마음이 커지고 있다"고 표현했다. 함께 일하는 사람 한 명 한 명 유심히 보면서 마음 쓰이는 사람이 있으면 한 번이라도 더 말을 건네는 노력도 기울인다. 예전의 자신이라면 상상도 할 수 없던 변화란다. 자신도 7년 동안 이런 활동을 하면서 점점 단단해진 것 같고 다른 사람들과 무언가 함께 도모하면서 일할 수 있어서 즐겁다고 말한다.

"이전에는 그저 가정의 주부로서 지역에서 자원 봉사 활동 정도 하는 평온한 삶을 살았는데, 마을기업을 하면서 내게 맞지 않은 옷을 입었다는 느낌이 컸어요. 그런 부담감 때문에도 마을기업 첫해는 너무 힘들었어요. 그런데 햇수가 지나고 일이 익숙해지니까, 물론 아직 일은 잘하지는 못하지만, 그래도 내가 더 단단해진 것을 느낍니다. 마을기업에서 이주 여성들이 기쁘게 일하는 걸 보면 내가 잘했구나 싶어 보람도 느껴요. 결혼 이주 여성에게 자신이 원하는 일로 돈을 벌게 하는 곳은 우리밖에 없어요.(웃음)"

마을기업에서 찾은 기쁨과 가치

마을무지개는 지역 사회와 함께하기로 한 자신들의 원칙을 잊지 않는다. 어려운 여건에서도 지금까지 살아남을 수 있었던 것은 철저히 지역 중심으로 활동한 덕분이라고 생각하기 때문이다. 교육 사업을 할 수 있도록 자신들을 불러준 것도 대부분 지역의 기관과 마을공동체였다. 그래서 독거노인이나 어려운 가정에 먹을거리를 나누는 '다문화 밥상 운동'처럼 자신들이 할 수 있는 일로 지역 사회에 이바지하고 있다. 전명순 씨는 그런 활동들이 쌓이면서 지역에 뿌리를 내릴 수 있었다고 평가한다.

당연히 마을공동체와 지역에 대한 관심과 애정도 더 커졌다.

"우리는 물건을 만들어 파는 것도 아니고, 일종의 교육 서비스업이라고 봐야 하잖아요. 대표가 지역의 많은 사람들과 관계를 맺는 것이 중요하다고 늘 느끼고 있어요. 내 체질이나 성향과 맞지 않는 일도 해야 하고요. 능력이 뛰어난 것보다 더 중요한 것은 관계를 만들면서 서로 마찰이 생기지 않도록 하는 일인 것 같아요."

2014년 11월 현재 마을무지개의 직원은 총 21명이다. 다문화 수업이 많지 않으면 강사료는 적게 줄 수밖에 없다. 그래서 자신들이 잘할 수 있는 것이 더 없을까 고민하다가 원래부터 살아오던 주민들과 결합해서 다문화 마을 공연단 '컬러링'을 만들었다. 각 나라의 공연을 섞어 다채로운 공연을 선보이는 공연단이다. 나라마다 다른 공연을 통해 서로를 이해하고 알아가는 폭을 넓힐 수 있다는 것이 장점이다. 큰돈을 받고 공연을 하는 것은 아니지만, 차츰 불러주는 곳이 늘고 있어서 마을무지개는 꽤 고무되어 있다.

마을무지개는 급하게 빨리 성장하는 것보다는 천천히 오래가기를 원한다. 그래서 "즐겁게 가자" "일이 유익해도 힘들면 하지 말자" 같은 몇 가지 원칙도 세워놓았다. 함께하는 사람들에게도 설령 실패한 마을 기업으로 남더라도 끝까지 함께 가자고 말한다.

"이걸 하지 않았다면 50대 가정주부로서 삶은 편안했겠지만 그렇게 보람차지는 않았을 것 같아요. 한 베트남 여성이 한 말이 내게 늘 위로가 돼요. 마을무지개를 만나기 전, 다문화 교육이 있다면 어디든 가곤 했는데 집에 돌아갈 때면 너무 쓸쓸했다는 거예요. 그런데 마을무지개를 만나고 나서는 다른 데 안 가고 여기만 와도 행복하다고 해요.(웃음) 현재 우리 21명이 월평균 강사료 70만 원을 받는 게 목표예요. 지금은 그런 소박한 꿈을 갖고 있어요. 제 딸이 올해 국제통상학과에 들어갔는데, 4년 동안 엄마가 회사를 잘 키울 테니 졸업하고 여기로 들어오라고 했어요. 그렇게 되겠죠?"

마을무지개의 미덕은 이주 여성을 한 마을에 사는 이웃으로 바라본다는 것, 경제 활동을 함께하면서 마을공동체도 일구어간다는 점일 것이다. 이들이 함께 만드는 다문화 공동체는 서로의 문화에 대한 이해의 폭을 넓히면서 사회 속에 자신들의 존재 가치를 각인했다는 점에서도 의미가 있다. 결혼 이주 여성들을 '사회적 존재'로서 우뚝 설 수 있게 한 것도 빠뜨릴 수 없다. 한 평범한 여성이 우연찮은 계기로 자기 삶을 변화시키고 이주 여성들을 그 좋은 자장 속에 초대함으로써 그들에 대한 사회의 차별적 시선도 조금씩 걷어내고 있다. 이런 공로로 전명순 씨는 2014년 7월 서울시 여성상* 우수상을 받았다.

---

* 서울시는 여성 발전 및 여성이 행복한 서울을 만드는 데 기여한 공적이 있는 시민 및 단체를 발굴해 매년 여성상을 시상하고 있다.

짜장면 배달
대회를 열자

그네ois

나는 또 이런 꿈도 꾸어본다. 내가 그림을 그리는 사람이라 그런지 문화 예술을 통해 마을을 새롭게 살려볼 수 없을까 하는 그런 꿈……

구체적인 생각은 이렇다. 우선 공모전을 하는 것이다. 공모전은 어린이부터 시작하는 게 좋다. 어린이 그림 그리기 대회, 만화 그리기 대회, 글쓰기 대회, 노래 대회, 악기 연주 대회, 바둑 대회 등등…… 성미산 공동체가 그렇듯이 어린이를 끌어오면 어른들은 고구마 줄기처럼 줄줄이 엮여오게 되어 있다. 그러고는 어른들도 시를 쓰고 수필을 쓰고 사진을 찍고 그림을 그린다. 그런 공모전을 하고 상을 주고 또 책도 내어준다. 치킨 집을 하면서 시를 쓸 수 있고, 미용실을 하며 수필이나 여타 형식으로 자기 삶을 표현해 낼 수 있다. 앞으로는 평론이나 논문을 쓸 사람이 생길지도 모른다.

마을에 예술가들이 들어와 사람들을 도와 마을을 새롭게 하거나 마을에 사는 예술가가 마을을 새롭게 태어나게 하는 일이 많이 있다. 정말 반가운 일이다. 그러나 나는 다른 한편으로 마을 사람들이 예술을 하기 원한다. 마을 사람들이 예술가가 되기를 원하는 것이다. 지금은 다들 학력이 있고 배운 게 많으니 얼마든지 할 수 있다. 생활 속에서 작게나마 무언가를 할 수 있는 것이다. 그러지 못한다면 우리는 왜 초·중·고 12년 동안 음악, 미술, 문학을 배웠단 말인가? 마을 사람들이 누구나 그림을 그리고 연주를 하고 사진을 찍는 마을을 꿈꾸어 보는 것이다. 그리고 이런 마을은 심심찮게 나타나고 있다.

내 꿈은 그것뿐이 아니다. 나는 기존의 예술뿐만 아니라 새로운 예술을 탄생시켜야 한다고 생각한다. 새로운 예술이란 무엇인가? 바로 사람들이 지금 하고 있는 일들이다. 김밥을 말고, 치킨을 굽고, 짜장면을 배달하고, 노래방을 경영하는 일들 말이다. 음악, 미술, 문학…… 이런 것들만 예술이 아니다. 같은 김밥을 말더라도 좀 더 소중하게, 가치 있게, 콘셉트 있게 말아 자신과 손님을 기쁘게 하거나 감동시킨다면 이것 모두가 예술이다. 행복한 '김탁구'의 빵처럼. 이런 일들이 우리 삶을 더 뿌듯하고 아름답게 만드는 것이다.

그러기 위해서는 어떻게 하면 좋은가? 우선 동네 노래방에서 경연 대회를 열자. 그러면 노래방에서 노래하는 것이 그냥 노는 것이 아니라 새로운 가치를 지닌 문화가 된다. 이 동네 노래방 가수왕이 누구라더라, 이번 달에는 누구로 바뀌었다더라, 요샌 어떤 풍이 대세라더라…… 그

리고 당구 대회, 바둑 대회도 마찬가지다. 게임 왕도 탄생할 수 있다. 이렇게 되면서 게임도 밝은 문화로 태어날 수 있게 하자. 짜장면 배달 대회를 해도 좋고, 김밥 축제, 미용실 축제를 해도 좋고, 포장마차 축제를 해도 좋고, 치킨 주간을 만들어서 그 주간에는 치킨을 싸게 파는 행사를 해도 좋다.

이러한 것들은 우리의 생업을 오직 먹고살기 위해 하는 일이 아니라 뭔가 문화적인 가치를 지닌 일로 만들어준다. 예술은 고정되어 있는 무엇이 아니다. 문신인 타투도 예술이고, 네일아트도 예술이다. 그렇듯이 우리 모든 생활이 예술이 될 수 있다. 그래서 마을 사람들이 자긍심을 가득 가지고 살아가게 된다. 공동체 의식 또한 커간다. 마을이 새로 느껴진다. 이제는 내가 못나서, 공부를 못해서, 공무원이나 대기업에 가지 못해서 김밥을 말고 치킨을 굽는 시대, 수없이 많은 사람들을 루저로 만드는 시대를 벗어나야 한다. 아주 평범한 일도 가치 있고 소중히 존중받는 시대가 되어야 한다. 루저는 없다.

마을 주민이 하는 모든 일이 예술이 되는 마을, 이것이 내가 꿈꾸는 마을이다. 그렇게 자랑스런 마을이 될 수는 없을까?

좋은 **삶**과
좋은 **생활**의 조건,
좋은 **마을**

괴테는 이런 말을 남겼다. "신선한 공기, 빛나는 태양, 맑은 물, 그리고 친구들의 사랑, 이것이 있거든 낙심하지 마라."

마을에 이 모든 것이 다 있다고는 말하지 못하겠다. 그렇지만 여기저기 서울 곳곳에 있는 마을공동체를 만나보니 이것들 중에 하나씩은 분명히 있었다. 동네 친구나 이웃들의 사랑만 있어도 마을공동체로서 필요충분 조건이 되었다. 혼자가 아님을 확인하는 것만으로도 낙심하지 않을 이유는 충분해 보였다. 마을은 바로 그런 것을 제공하고 있었다.

따라서 혼자 잘살겠다고, 우리 가족만 잘살면 된다고 발버둥치는 곳에는 마을이 존재하지 않았다. 비인격적 대우와 모욕적인 언어로 경비원으로 하여금 분신까지 하게 만들었던 아파트 입주민은 자신을 고용주이자 사용자로 여겼을 것이다. 아파트 입주민이 경비원을 한 마을의 주민으로 여겼다면 이런 비극은 일어나지 않았을 것이다.

성북구 정릉의 생명평화마을에 살고 있는 인디 밴드 '윈디시티'의 리더 김반장의 집 대문에는 이런 문구가 씌어 있다. "어떤 공간과 어떤 희망이 일치했을 때 우리는 그곳을 '집'이라고 부른다." 집 대신 마을을 넣어도 크게 어색하지 않다. 그는 자신이 경험하고 있는 마을살이에 대해 이렇게 말한다.

"삶에 대해 덜 의존적이고 독립적이고 싶다면, 또 부모나 학교가 가르치는 기존의 가치관에 따른 견해들이 내 자신을 두렵게 한다면, 마을에 들어오는 건 어떨까 싶어요. 추울 때 춥고, 더울 때 덥고, 자연의 감각을 느낄 수 있고, 여러 세대의 사람들과 만날 수 있는 마을에 들어오라고 저는 권하고 싶어요. 자기 삶의 경험에서 우러나온 수많은 이야기들이 마을에는 있거든요. 유명하든 그렇지 않든 모든 사람들의 이야기가 있는 곳이 마을입니다."

어떤 사람은 '이웃랄랄라' 같은 것이 어떻게 마을공동체가 될 수 있느냐고 물을지도 모르겠다. '이동하는 마을'이라는 표현도 정주定住와 장소를 마을의 중요한 개념으로 인식하고 있다면 쉬이 받아들이기 어려울 수 있다.

지금 서울에서 만들어지고 있는 마을들은 과거 씨족이나 부족 중심으로 형성되던 개념이 아닌 좀 더 넓은 의미로 바라보면 좋겠다. 이른바 '도시 부족'이다. 도시에서 공동의 관심사를 나누고 관계를 맺으면서 함께 행동하고 실천하는 소규모 집단까지도 포함한 개념이 이 책에서 말하는 마을공동체다. 숟가락 젓가락 개수까지 알고 있는 그런 관계가 아니라, 허용 가능한 일상을 나누면서 자본주의 사회가 요구하는 경쟁적 삶이 아닌 다른 사람들과 협력하면서 자신들만의 가치를 차곡차곡 쌓아가는 과정까지도 마을이 될 수 있다는 얘기다.

그래서 이 책에 등장하는 마을공동체는 자본주의가 요구하는 성장과 경쟁 일변도의 획일적인 삶의 모습이 없다. 일등을 해야 할 이유도, 최고가 되어야 할 이유도 없다. 따라서 '최고best'가 아니라 의도하지 않은 '유일함only'이 마을을 드러내는 표지판이 되기도 한다.

오늘날을 '소셜 네트워크 서비스SNS 시대'라고 한다. 스마트폰을 비롯해 페이스북, 트위터 등을 통해 많은 사람들이 다른 이들과 끊임없이 접속을 추구하고 일상을 나눈다. 실시간으로 멀리 있는 사람들이 곁에 있는 것처럼 말이다. 그러나 이것은 '진짜'가 아니다. 한마디 댓글이 힘이 되고 위로가 되고 서로 교감을 나누는 것 같지만, 시로의 눈동자를 보지 못하고 표정도 읽지 못한다. 언어 이상의 몸짓과 표정을 볼 수 있는 것은 바로 옆이나 곁에 있는 사람만이 가능한 일이다. 지금 많은 사람들은 옆이나 곁을 외면하는 대신 '쉴 새 없이 접속하고 끊임없이 차단'할 뿐이다. 페친(페이스북 친구), 트친(트위터 친구) 등의 숫자에 골몰하며 그것으로 자신을 확인하거나, 자신의 마음에 들지 않으면 하루아침에 친구에서 차단으로 옮아간다.

그에 반해 이 책에 등장하는 마을공동체들의 풍경은 모두 다르지만 주민들이 어떤 형태로든 삶의 조건을 함께 만들고 있다는 공통점이 있다. 함께 웃고 즐기고 슬퍼하며 위로를 주고받는 일상의 감정적 교류

이상의 관계가 그들에게는 있다. 편의상 마을에서 먹고, 모이고, 협동하고, 놀고, 말하고, 예술하고, 교육하고, 일하는 것으로 나누기는 했지만, 실은 이 모든 것이 마을에서 일상적으로 이루어지는 행위이자 생활이다. 그 모든 것의 총합이 마을공동체의 일상이자 조건이다. 그러니 이곳에 나온 모든 마을공동체는 끊임없이 조금씩 변하고 바뀐다.

서울에서 마을공동체가 활성화되면서 조금씩 고개를 드는 문제점 중의 하나가 '젠트리피케이션gentrification'*이다. 흥미로운 마을공동체 활동 등으로 주목받았던 서촌 등지는 돈과 사람이 몰리자 마을을 특색 있게 만들던 오래된 가게와 주민들이 밀려나고 지나친 상업화로 몸살을 앓고 있다. 마을이 활성화되면서 주목을 받자 임대료가 오르고 오래된 주민들이 쫓겨나기도 한다.

작은 가게가 많이 남아 있는 건 그 지역의 공동체가 건강하다는 뜻으로도 받아들여질 수 있다. '아빠맘두부'와 같은 마을 기업이 오랫동안 지역에 뿌리를 내리는 것이 그래서 중요하다. 대자본이 침투해 해당 지역에서 시장 지배력이 커지면 결국 지역 전체가 죽을 수 있다. 오래 살던 주민들이 떠나고 오로지 대자본만 남은 유원지처럼 마을이 바뀔 수 있다. 이럴 때 예찬길의 경우가 좋은 사례가 될 수도 있겠다. 건물주와 세입자들이 자리를 마련해 서로의 입장을 이야기하고 합의점을 찾고자

---

* 젠트리피케이션은 도시에서 비교적 빈곤 계층이 많이 사는 정체 지역(도심부근의 주거 지역)에 비교적 물질이 풍부한 사람들이 유입되는 인구 이동 현상이다. 따라서 빈곤 지역의 임대료 시세가 올라 지금까지 살고 있던 사람들이 살 수 없게 되거나 지금까지의 지역 특성이 손실되는 경우가 있다.

하는 노력이 그것이다. 다양한 동네 구멍가게들과 관계망이 발달한 곳일수록 마을 주민들의 삶이 활기차고 건강하다.

물론 마을이 모든 문제를 푸는 해결사는 아니다. 이곳에서 만난 마을공동체를 비롯해 다른 마을공동체도 마찬가지다. 그저 함께하는 과정에서 즐거운 것이 있고, 그것이 좋을 뿐이다. 대단한 것을 하자는 것도 아니요, 뭔가를 반드시 이루려고 용을 써보자는 것도 아니다. 마을공동체는 함께 이런 느낌을 공유하는 곳이기도 하다.

'아, 함께 해보니 좋구나.'

어떤 삶이 좋은 삶인지는 각자 해석하기 나름이겠지만, 나는 가까운 곳에서 즐겁게 함께 놀 수 있는 친구가 있는 것이 좋은 삶이라는 생각이 든다. 하루 일과를 마치고 돌아와 맥주 한 잔 놓고 이야기를 나눌 수 있는 동네 친구가 있으면 이 또한 좋지 않을까? 나를 있는 그대로 받아들여 주는 사람들이 있고, 대부분의 회사처럼 억지로 나를 증명할 필요가 없으며, 내 못난 모습을 보여도 수치심을 느끼지 않는 곳이 마을공동체가 아닐까? 좋은 마을은 그런 느낌의 공동체가 아닐까?

그런 곳에서 살고 싶은 것은 나만이 아닐 것이다.

마을을 알고 싶은 사람들과

조금 더 나누고 싶은 이야기

마을에 '고양이'는 왜 필요한가!

고양이가 마을을 살린다? 실제로 그런 사례들이 있었다. 물론 고양이가 스스로 뭔가를 해서 마을을 살렸다는 말은 아니다. 고양이로 인해 맺어진 다양한 '관계'들이 생겨나면서 그 덕분에 마을이 살아났다는 이야기다.

우선, 세계에서 가장 유명한 고양이 이야기가 있다. 혹시 '가필드'* 라는 고양이 이야기 아니냐고 할지 모르겠다. 아니다. 내가 말하는 건 가상의 고양이가 아닌 실제로 존재한 고양이 이야기다. 1988년 1월, 미국 아이오와 주 스펜서 시 도서관에서 생후 8주 정도로 추정되는 새끼 고양이가 발견되었다. 누군가가 도서 반납함에 유기한 것을 사서인 비

---

* 가필드는 1978년, 짐 데이비스가 처음 그린 만화의 주인공인 고양이다. 미국의 41개 신문에 연재된 것을 시작으로 전 세계 2,400여 개 매체에 실릴 정도로 인기를 얻었다. 오렌지색의 뚱뚱한 몸매를 가진 게으른 고양이로, 동작은 민첩하지 못하지만 심술과 고집이 센 캐릭터로 커피와 이탈리안 스파게티, 라사냐 등을 즐겨 먹는 독특한 식성을 가지고 있다. 기네스북에 '세계에서 가장 널리 퍼진 만화 The Most Widely Syndicated Comic Strip in the World'로 올라가 있다.

키 마이런이 발견한 것이다. 마이런은 추위와 굶주림에 바들바들 떨고 있던 그 작은 고양이를 차마 다시 쫓아내거나 내동댕이칠 수 없었다. 그는 시립 도서관에 고양이가 살 수 있게끔 해달라고 시와 도서관 직원들을 설득했다. 그리고 도서관에 사용하는 십진분류법 창안자의 이름을 따 고양이에게 '듀이'라는 이름을 붙여주었다. 이 고양이의 정식 이름은 듀이 리드모어 북스Dewy Readmore Books. 도서관에서 자라는 고양이의 이름으로 제격이었다.

그런데 놀랍고 흥미로운 일이 생기기 시작했다. 당시 스펜서 시는 경제적·재정적 어려움에 빠져 있었다. 시의 산업 지형이 바뀌면서 많은 노동자들이 일터를 잃었고, 도서관은 그런 실직자들이 시간을 보내기에 아주 좋은 아지트가 되었다. 책을 위안으로 삼거나 도서관을 휴식처로 택한 이들에게 듀이는 스스럼없이 다가가 안기고 애정을 표했다. 몸을 비비기도 하고 천연덕스럽게 무릎 위로 오르기도 하는 등 살갑게 굴면서 도서관을 찾은 사람들의 황폐한 가슴에 온기를 전했다.

이 작은 고양이가 사람들의 마음을 움직였다. 듀이의 애교에 위로를 받고 위안을 얻은 사람들이 듀이를 만나기 위해 도서관을 더욱 자주 찾았고, 책을 꺼내 읽기 시작했다. 듀이 덕분에 주민들이 도서관에 관심을 갖게 되었을 뿐더러 실직으로 인한 우울에서도 차츰 벗어나게 되었다. 더 나아가 듀이는 도서관을 위기에서 구했다. "책보다 일자리가 필요하다"며 도서관 예산 증액을 반대하던 시의회 의원들의 마음을 바꾼 것에는 듀이의 공도 있었다. 듀이 덕분에 주민들이 도서관을 더욱 자주 들락거리자, 의원들도 어쩔 수 없이 예산 증액에 동의한 것이다. 침체되었던 마을의 분위기도 덩달아 되살아났다.

도서관도 살고 마을도 산 배경에는 듀이가 엮어낸 '관계'가 있었다. 사람과 사람, 주민과 도서관, 주민과 의회를 잇게 만들었다. 듀이를 시작점으로 일종의 연쇄 작용이 일어난 것이다. 작은 생물이 사람을 위로하고, 이로 인해 마을의 분위기가 밝아졌으며, 공동체가 힘을 얻었다. 마이런의 삶도 듀이 덕분에 변화했다. 알코올 중독자 남편과의 이혼, 사춘기의 딸 양육, 병과 수술, 학업 병행 등 힘겨운 삶에 찌들어 있던 그도 듀이와 만나고 교감을 나누면서 삶의 의욕을 되찾았다. 이렇게 듀이는 한 사람의 삶을 바꾸고 마을의 분위기까지 변화시켰다.

듀이는 어느 순간 마을공동체의 구심점이 되어 있었다. 한 마리의 고양이에 불과했지만 서로 마음을 나누고 온기를 나누는 작은 행위가 위기에 빠진 마을을 바꿀 수 있음을 보여줬다. 듀이가 2006년 11월 안

락사하자, 250여 매체가 듀이의 부고를 실었다. 고양이 한 마리의 죽음을 이렇게 많은 매체에서 다룬 것은 극히 드문 경우였다. 이런 내용은 《세계를 감동시킨 도서관 고양이 듀이》와 그 후속편 《정말 고마워, 듀이》에서 상세하게 볼 수 있다.

고양이가 마을의 기적을 이뤄낸 사례는 이것만이 아니다. 일본의 작은 섬 다시로지마田代島를 살린 것도 고양이였다. 도호쿠 동남부의 미야기 현 이시노마키 시에서 한 시간가량 배를 타고 들어가야 하는 이곳은 원래 고양이가 많아서 '고양이 섬'으로 불렸다. 예부터 이 섬에서 고양이는 풍어를 기원하는 대상이었고, 고양이를 모시는 신사까지 마련되어 있을 만큼 소중히 여겨졌다. 고양이는 섬의 상징이자 명물이었다.

그런데 이 섬에 풍파가 닥쳤다. 2011년 3월 11일, 쓰나미로 인한 후쿠시마 원전 폭발 사건이 그것이었다. 이때 후쿠시마에서 가까운 다시로지마에서는 주요 수입원이던 굴 양식 시설이 모두 파괴되었다. 피해액은 8천만 엔을 넘었고, 주민 수도 100여 명에서 60여 명으로 줄어들었다. 그렇다고 넋 놓고 가만있을 수만은 없었다. 황폐해진 섬의 굴 양식장을 되살리기 위한 노력이 시작되었다. 그와 동시에 사람들 사이에서 자신들과 똑같이 큰 피해를 입은 고양이들도 함께 살려내자는 '냥이 프로젝트'가 제안되었다.

그들은 고양이가 그동안 자신들에게 얼마나 큰 위안을 주어왔는지 잘 알고 있었다. 거대한 자연 재해로 인한 피해를 극복해야 하는 것은 사람만이 아니라 고양이도 마찬가지였다. 이곳 주민들에게 고양이는 운명을 함께하는 동반자였다. "고양이를 지키자. 고양이를 살리자. 그것은 사람을 살리는 일이다. 그러려면 섬을 살리자"는 식으로 마음이 커져갔다. 섬 자체가 그대로 커다란 고양이 카페가 됐다. 사실 '냥이 프로젝트'는 굴 양식 시설이 모두 파괴된 이때, 어떻게 살아가면 좋을지 막막한 상황에서 나온 고육책이었다. 잘될 것이라는 기대도 크지 않았다. 그랬던 것이 사람들의 관심을 끌면서 작은 기적이 일어났다.

'냥이 프로젝트'를 위하여 만든 홈페이지의 사진과 카피가 언론과 미디어를 통해 알려지고 입소문을 타면서 많은 사람들의 마음을 움직였다. "다시로지마 고양이들을 도와주세요!"

메시지의 파급력은 상당했다. 이를 본 많은 사람들이 모금에 참여했다. 사람들의 마음이 다시로지마로 모였다. 찾아오는 많은 사람들 덕분에 다시로지마 섬마을은 활기를 되찾고, 주민들의 삶도 다시 꿈틀댔다. '냥이 프로젝트' 덕분에 절망에 싸여 있던 섬이 희망을 되찾고 다시 살아난 것이다.

작은 기적이었다. 다시로지마에서 고양이는 '재건의 상징'이 되었다. 고양이를 살리자는 소박한 프로젝트가 사람들 사이에 남의 불행을 나의 불행으로 여기며 돕고자 하는 마음의 불씨를 당기면서 급기야 한 마을을 살려낸 놀라운 일이었다. 고양이의 보은이라고나 할까?

대만에도 이와 비슷한 사례가 있다. 대만 북부의 작은 마을 허우통, 그곳은 과거 대만에서 가장 번성한 광산촌이었다. 그러나 1990년대 초반 석탄 수요가 줄면서 광산업도 몰락의 길을 걸었다. 주민들이 하나둘 떠나기 시작해 남은 주민은 전체의 10퍼센트도 되지 않았다. 그리고 그 빈자리를 고양이들이 채워갔다. 주민들은 고양이들을 쫓아내거나 박대하는 대신 주민으로 받아들였다. 고양이와 사람이 일상을 나누며 평화롭게 공존하기 시작했다.

그러자 이곳에서도 기적이 일어났다. 허우통 마을에서 주민들과 함께 공존·공생하는 고양이들의 모습이 블로그 등을 통해 세상에 알려지자, 이 고양이들을 보려고 관광객들이 찾아왔다. 허우통은 '고양이 마을'로 유명세를 타기 시작했다. 고양이들이 낮잠을 즐기거나 사람과 자연스레 섞여서 노는 모습을 마을 어디에서나 볼 수 있었다. 마을 곳곳에 고양이들이 먹을 사료와 물을 담아놓은 통, 들어가 잘 수 있는 박스가 널려 있을 만큼 고양이는 마을의 일원으로 대우를 받았다. 광산업의 몰락으로 사람들이 떠난 자리를 고양이가 채우면서 마을은 다시 활기를 찾았다.

마을에는 단지 고양이들만 넘쳐나는 게 아니었다. 마을 입구에는 온갖 고양이 캐릭터가 그려진 관광용 표지판이 섰고, 고양이 관련 기념품을 파는 좌판도 군데군데 펼쳐져 있다. 지붕 위에 고양이 모형이 앉아 있는 아기자기한 고양이 소품 가게도 빠질 수 없다. 방문객들은 이런 곳에서 액세서리, 엽서, 인형, 스탬프 등 고양이를 주제로 한 다양한 소품과 팬시 제품을 만나고 구입할 수 있다. 이곳이 과거에 광산촌이었음을 보여주는 석탄 선별 공장은 카페로 거듭났다. 고양이 그림이 그려진 머그컵으로 커피를 마실 수 있고 각종 기념품도 살 수 있다. 한때 석탄 산업으로 부흥했다가 쇠락한 마을이 고양이로 인해 외부에서 관광객들이 들어오고 고양이 관련 물건을 팔면서 마을 자체가 다시 기지개를 켜고 있는 것이다.

그러니까 마을에서 길고양이를 만나거든 쓰레기통 뒤진다고 탓하거나 너무 무심하게만 지나치지 않았으면 좋겠다. 장난삼아 접근해서 기분 내키는 대로 먹이를 주는 건 금하되, 꾸준히 조금씩 그들에게 인사를 건네보는 건 어떨까? 이전에 그냥 지나치거나 외면했던 사소한 것들에 마음을 여는 순간 삶은 미처 예상하지 못했던 세계로 우리를 초대할 수 있다. 마을도 마찬가지다. 그렇게 작고 사소한 것에 주의를 기울이고 관심을 보이기 시작하는 순간 마을 전체가 반짝반짝 빛나는 순간을 맞이할 수도 있다. 고양이가 활기를 불어넣은 마을의 사례들이 그것을 여실히 보여주고 있다.

'나의 마을 유산 답사기'를 만들어보자

마을이 아름다운 이유는 분명하다. 사람이나 장소를 점이라고 본다면, 그 한 점과 다른 점을 연결하는 '길'이 있기 때문이다. 그 길의 한 범주에 속하는 거리*는 다양한 경험의 배경이요 공간이다. 그곳은 통행은 기본이요 인사를 나누고 이야기를 주고받는 곳도 되고 놀이터가 되기도 한다. 시장으로도 변신한다. 즉 공동체를 이루는 기본 공간이다. 모여 사는 삶의 아름다움이 그곳에서부터 시작된다.

그렇듯이 마을이 아름다운 것은 단지 외관이 아름다워서가 아니다. 모여 사는 모습과 그것을 위한 공간의 구조 덕분이다. 달동네에 가보면 특히 그런 풍경을 잘 볼 수 있다. 달동네에 사는 사람들은 혼자서 가지고 있는 게 적은 만큼 많은 부분을 이웃과 공유하며 살아간다. 그것이

---

* 우리는 길과 거리를 제대로 구분하지 못하는 경우가 많다. 길이 목적지를 향해 쭉 나 있는 단선적 경로나 통로를 의미한다면, 거리는 사람들이 쏘다니면서 구경하고 만나고 떠들고 노는 곳이다. 즉 걸어가다가 잠깐 가게에 들러 차도 한 잔 마시고, 골목을 꺾어 가다가 아는 사람을 만나 잠시 노닥거리기도 하는 곳이 거리다.

달동네의 아름다움을 만든다. 그러니 도시 미관을 해친다는 이유로 달동네를 재개발하는 행위는 건축도 아니요 건설도 아닌 일종의 범죄다. 개발을 앞세워 그곳 사람들이 공유해 오던 삶을 한순간에 파괴하기 때문이다.

'웃대 마을'을 거닐 때도 그랬다. 서울의 서촌, 즉 종로구 사직동, 통인동, 옥인동 등 경복궁 서쪽에서 인왕산 아래에 이르는 그곳의 골목은 좁고 미로 같다. 그런데도 그곳이 아름답다고 느끼는 이유는 공동체를 이룬 공간의 흔적이 있고 옹기종기 모여 사는 사람들의 온기가 남아 있기 때문이다. 한옥들도 비교적 잘 보존되어 있어 집들이 풍기는 풍취도 느낄 수 있다.

과거 문래공단 자리에 들어선 문래예술창작촌의 골목도 빠트릴 수 없다. 입주해 있던 철공소들이 빠져나가고 빈 건물들이 흉물스럽게 늘어서 있던 그곳에 예술가들이 둥지를 틀면서 골목에 사람들이 다시 왕래하기 시작했고 점점 주민들의 놀이터가 되어갔다. 예술 작품을 만들거나 그와 관련된 행사들이 열리면서 그곳은 다시 활기를 찾고 있다.

동작구에 위치한 성대골도 마찬가지다. 그곳은 '협동'을 마을이 돌아가는 원리로 삼는다. 마을 카페인 '사이시옷'과 마을 목공소인 '성대골 별난목공소'가 협동조합 형태로 운영되고 있으며, 협동조합이 마을 구석구석에 자리한 '협동조합 거리'가 자연스레 형성되어 가고 있다.

마을을 둘러보겠다면 모름지기 천천히 둘러보고 살펴야 한다. 걸어서 가야 한다는 말이다. 걸을 때 비로소 마을은 넓어 보이고 사소하고 작은 것도 의미를 띠고 눈에 들어온다. 땅도 감각적으로 지각될 수 있다. 마을을 걷는다는 것은 나를 열어놓고 마을이라는 또 다른 우주를 받아들이는 일이다. 내가 알지 못한 것을 알게 되는 경험이다. 깨달음은 도서관이나 책에만 있는 것이 아니다. "온몸으로 느껴야 가능한 생생한 경험들이야말로 진짜 삶"이라는 말을 마을을 걷는 행위에서 실감할 수 있다.

그런데 마을은 걷기 힘든 비탈에 모여 있는 경우도 많다. 그러나 그런 마을을 걸을 때의 '발견의 기쁨'은 평지 마을에서의 그것보다 더 클 것이다. 비탈이 심한 종로구 창신동 봉제마을의 커뮤니티 공간이자 버려지는 천 쪼가리로 다양한 패션 소품을 만드는 '000간'과 마을의 커뮤니티 도서관 '뭐든지'를 찾을 때 내가 그랬다. 창신동 봉제마을에서 000간은 청년이 마을에서 할 수 있는 일이 무엇인지를 아주 모범적으로 보여주는 곳이었다. '러닝투런'이라는 사회적기업을 운영하면서

OOO간을 만들어 언덕길 사람들과 관계를 맺으며 더불어 살아가는 재미에 푹 빠져 있는 두 청년(신윤예, 홍성재)을 만났을 때 나는 산 정상에 오른 사람들이 그렇듯 '야호' 하고 외치고 싶을 정도로 즐거웠다.

'뭐든지'는 러닝투런의 두 청년과 함께 지역 내의 다양한 사람들, 즉 해송지역아동센터의 어린이와 부모, 그리고 활동가와 주민, 청소년 들이 참여해 직접 자신들의 손으로 만든 곳이다. 인테리어 회사에 맡기면 1~2주면 끝날 공사를 4개월에 걸쳐 서툴러도 다 같이 조금씩 만든 공간이라 그런지 다들 큰 애정을 가지고 있는 듯했다.

한 마을의 풍토는 그 마을에서 오래도록 살아가는 사람들의 몸속에 젖어들어 세포 깊숙한 곳까지 스며들게 마련이다. 그러고는 그들 사이에 공동의 기억을 만들어낸다. 그러나 오늘날의 건축 형태와 마을의 구조는 공동의 기억을 만들기 어렵게 하고 있다. 집을 하나의 소비 상품으로 전락시킨 탓이다. 아파트가 창궐한 풍경이 그 대표적인 모습이다. 집이란 본디 인간이 살아가기 위하여 반드시 필요한 공간임에도 돈이 없는 사람이 집을 갖기 어렵게 된 현실을 감안할 때, 용산구 해방촌의 '빈집'의 경우는 집이 갖는 원래의 의미를 회복하고 있다는 점에서 큰 의미가 있다. 누구나 '집'에 들어가서 원하는 만큼 살 수 있고 그곳의 거주자들과 새로운 관계를 맺어갈 수 있는 곳이 '빈집'이기 때문이다.

앞서 언급한 것처럼 마을을 거니는 것이 매력 있는 이유는 다채로운 이야기를 만날 수 있어서다. 그 재미를 맛보기 위해서라도 마을을 거닐어보시라. 그것은 마을에 가지 않으면 알 수 없는 무엇이다. 아울러 마을에 가는 것은 새로운 교류의 가능성을 틀 수 있는 기회, 좋은 삶과 좋은 사회를 상상하는 능력을 기를 수 있는 기회가 되기도 한다. 내가 사는 마을에 관심을 두지 않고 살아왔다면 그곳부터 둘러보면 좋겠다. 그리고 다른 마을 소식에도 귀를 열어놓으면서 '나의 마을 유산 답사기'를 만들어보는 것도 좋겠다.

마을을 알고 싶은 사람들과

함께 읽고 싶은 책/영화

Book

가슴 뛰는 회사 (존 에이브램스 지음/ 황근하 옮김/ 샨티/ 2009)

아무리 멋진 사옥이나 건물이라도 지역 공동체와 격리된 공간이나 회사는 바람직하지 않다. 지역에 거점을 두고 어떻게 적절한 생계를 유지하고 어떤 식으로 지역 공동체와 함께할 수 있는지 알고 싶다면 미국 마서즈 비니어드에 위치한 대안적인 건축 회사, '사우스마운틴South Mountain Company'을 만나보면 좋겠다. 이들은 회사의 성장에 큰 분기점이 될 만한 일감이 들어와도 지역의 자연을 훼손할 것이 자명한 일감이라면 과감히 뿌리쳤다. 물론 CEO 혼자의 결정이 아니라 모든 구성원들의 합의였다! 무한 성장이라는 신화(로 포장된 패악)를 거부하고, 암세포의 성장 속도와 절연하며, 달팽이의 속도로 가면서 자신들의 가치를 지킬 것을 천명하는 이 회사. 아, 우리 마을에 이런 마을기업이 있으면 좋겠다.

마을이 세계를 구한다
(마하트마 간디 지음/ 김태언 옮김/ 녹색평론사/ 2011)

간디는 단순히 인도의 독립 운동가를 넘어선 세계의 사상가였다. 그는 풀뿌리 민중에 대한 착취, 억압을 옹호해 온 불평등을 극복하고, 착취 억압의 사회 경제 시스템을 넘어서는 근원적 변화를 원했고, 그 변화의 기본으로 '마을 자치'(스와라지)를 내세웠다. "미래 세계의 희망은 모든 활동이 자발적인 협력으로 이뤄지는 작고 평화롭고 협력적인 마을에 있다." 간디의 말은 여전히 유효하다. 고로 국가와 정부 따윈 살짝 잊어라. 아니면 죽여도 좋다. 마을 자치를 위한 노력은 세계를 구하는 노력과 다르지 않다.

삶은 홀수다 (김별아 지음/ 한겨레출판/ 2012)

싱글 천국, 커플 지옥? 아니다! 짝수 지옥, 홀수 천국이다. 삶을 홀로 설 수 있는 사람이 '멘탈갑'이다. '홀로 있는 것'이 얼마나 재미있고 자유로운 것인지 아는 사람은 '삶은 홀수'라는 말의 의미를 안다. 혼자 잘 있을 수 있는 사람이 여럿과도 잘 지낼 수 있다. 외톨이나 히키코모리와는 다른 홀수를 주목하라! 마을은 홀수들의 집합일 때 가장 아름다울 수 있다. 독립하되 연대하는 풍경이 자연스레 나오니까.

몰락 선진국 쿠바가 옳았다
(요시다 타로 지음/ 송제훈 옮김/ 서해문집/ 2011)

쿠바를 아직도 '사회주의' 혹은 '주적'의 테두리에서 본다면, 그는 (시대에 뒤떨어진) 바보다. 물론 물질적으로 여전히 가난하다. 그럼에도 쿠바는 '세계에서 가장 지속 가능한 나라'다. 모두가 가난하지만, 아무도 굶어죽거나 소외되지 않는다. 사람들이 존엄을 가지고 살 수 있는 나라, 구미가 당기지 않는가? 책은 그것을 잘 보여준다. 쿠바혁명 기념일(1월 1일), 몰락 선진국 쿠바에서 만나자! 혁명 때문이 아니다. 춤 때문이다. 당신과 쿠바에서 춤추고 싶다. 〈치코와 리타〉에서 그들이 사랑했던 쿠바의 한 시절처럼.

행복의 경제학
(헬레나 노르베리 호지 지음/ 김영욱·홍승아 옮김/ 중앙북스/ 2012)

"세계화는 인간과 환경을 희생시켜 자신의 이윤을 추구하기 위해 각국 정부에 압력을 행사하는 초국적 기업의 작품"이다. 그동안 우리는 '세계화와 성장'의 신화에 속았다. 이젠 눈을 떠야 한다. 지역화, 마을화를 통해 우리는 "지속 가능한 삶, 갈등의 평화적 해결, 일자리 창출, 아이 양육, 적절한 교육 제공, 또는 삶을 기리고 즐기는 것"이 가능하다. 마을에 행복이 있다!

미생 (윤태호 지음/ 위즈덤하우스/ 2013)

일본에 《시마 과장》(지금은 '시마 사장'이 됐다!)이 있다면, 한국에는 '장그래'가 있다. 한국판 샐러리맨 만화의 새로운 장을 연 작품이자 드라마를 통해 직장인들의 마음을 가져갔다. 바둑을 하던 장그래가 종합 상사에 들어가서 겪는 좌충우돌 경험은, 노동자인 우리 자신의 이야기이기도 하다. 미생, 즉 '아직 살아있지 못한 자'는 여전히 흉포한 자본과 권력에 휘둘리는 우리의 또 다른 호칭이기도 하다.

서울은 깊다 (전우용 지음/ 돌베개/ 2008)

서울에 사는 사람은 자신이 발 딛고 있는 곳을 얼마나 알고 있는가? 자신 있게 대답하지 못할 것이다. 우리에게 서울은 무엇인가? 우리의 서울은 안녕한 걸까? 서울의 속살을 좀 더 알고 싶다면 이 책이 크게 도움이 될 것이다. 당신의 서울에 발을 디뎌라. 이 책을 보고 난 후, 당신의 서울이 달라질 것이다. 장담한다.

제가 살고 싶은 집은
(이일훈·송승훈 지음/ 신승은 그림/ 진효숙 사진/ 서해문집/ 2012)

집이 '사는 곳living'이 아닌 '사는 것buying'이 되어버린 시대다. 그것은 우리의 잘못된 가치가 빚은 참사다. 그러니 '낡은 책과 다듬지 않은 돌로 지은 집' 잔서완석루를 만들기 위해 건축가(이일훈)와 건축주(송승훈)가 나누는 생각들을 통해 집의 진짜 가치가 무엇인지 들어보자. 건축의 지형과 삶의 지형은 결국 같다. "어떻게 살 것인가?"를 묻는 것이 건축의 문제이자 삶의 문제라는 이들의 생각 나눔은 당신의 세계를 한 뼘 더 넓혀줄 것이다.

오래된 것들은 다 아름답다 (승효상 지음/ 컬처그라퍼/ 2012)

건축가 승효상은 '달동네 마을공동체'를 예찬한다. 우리는—세계적으로 유명해진—그런 마을을 안다. 세계에서 가장 아름다운 마을 산토리니, 아시아에서 가장 아름다운 마을 부산 감천문화마을이 그런 곳들이다. 그곳에서는 가진 것이 많지 않아서 나누며 살 수밖에 없다. 나누면서도 지지고 볶는다. 달동네의 길은 통행뿐 아니라 빨래터도 되고, 놀이터도 되며, 시장도 된다. 공동체를 이루는 공간이다. 모여 사는 삶의 아름다움이 있다. 그런데도 이들 마을들엔 매년 수십만 명의 관광객이 찾아온다. 하늘로 치솟은 고층 아파트에만 넋을 빼앗기는 건 그만큼 심미안이 떨어지기 때문이다. 아파트 공화국의 비극은 세상의 아름다움에 무감하게 만든다는 데도 있다. 아름다움에 무감하게 만든 것은 곧 '죄악'이라고 생각한다. 토건족들은 그래서, 거칠게 말하자면, 범죄 집단이다!

바닷마을 다이어리(전 5권)
(요시다 아키미 지음/ 조은하 옮김/ 애니북스/ 2009)

요시다 아키미가 그린 가마쿠라 바닷가 마을엔 크고 대단한 이야기가 없다. 소소하고 작고 사소할 뿐이다. 그건 곧 일상이다. 코다가의 네 자매를 중심으로 펼쳐지는 잔잔한 바닷가 이야기는 책을 덮을 때쯤 감동이 쓰나미처럼 다가온다. 일상에서 길어 올리는 잔잔하고 속 깊은 시선 덕분이다. 이토록 사려 깊은 만화라니, 가슴이 몽글몽글해진다. 시적으로 다가오는 각 권의 제목은 책을 덮을 때면 또 다른 울림과 사색을 유도한다.《매미 울음소리 그칠 무렵》《한낮에 뜬 달》《햇살이 비치는 언덕길》《돌아갈 수 없는 두 사람》《남빛》. 그리고 한 권 한 권 책을 덮을 때마다 이런 생각에 사로잡힌다. '아, 이런 마을, 당장 가서 살고 싶다.' 꼭 옆에 두고 좋아하는 사람들하고만 나누고픈 작품이다. 참고로, 도쿄 근교에 위치한 가마쿠라는《슬램덩크》의 무대이기도 하다.

달팽이 안단테
(엘리자베스 토바 베일리 지음/ 김병순 옮김/ 돌베개/ 2011)

불의의 질병으로 "신체 기능이 고장 나" 병상에 누운 엘리자베스 토바 베일리를 구원한 것은 달팽이였다. 달팽이를 통해 새로운 세상을 본 저자는 달팽이 속도로도 충분히 할 수 있는 많은 일들이 있음을 알게 된다. 본디 우리 삶의 속도가 달팽이의 속도였는지도 모른다. 그러나 지금 우리는 속도전에 치여 죽어가고 있다. 자기의 속도를 잃고 허황한 발놀림만 하고 있기 때문이다. 마을의 속도 역시 느림이다. 느릴수록 더 잘 보이고 더 잘 알 수 있다. 달팽이 마을에 살고 싶다. 그러니 죽기 전 다시 들춰보고 싶은 책이다. 이런 책을 만난다는 것은 하나의 축복이다.

사당동 더하기 25 (조은 지음/ 또하나의문화/ 2012)

저자(조은 동국대 전 교수)가 1986년 철거·재개발 연구 프로젝트를 수행하고자 사당동에 갔다가 정금선 할머니 가족을 만나 25년을 함께해 온 이야기를 기록한 책이다. 이미 한국에 뿌리를 내린 '가난의 대물림'을 재확인시켜 주는 이 책에서 우리는 개발과 성장에 압도당한 한국 사회의 면면들도 엿볼 수 있다. "사당동의 변모 과정은 곧 서울시의 확장사와 맥을 같이한다." 무엇보다 그런 개발과 성장이 모든 것을 압도했던 시대에 대한 성찰과 반성이 돋보이는 책이다. 피상적이고 관념적으로 가난을 바라보던 조사자들이 '세상의 가난, 가난의 세상'을 몸으로 접하면서 자신의 시각과 시선의 문제점을 깨닫는다. 그것은 곧 책을 읽는 사람에게도 동일하다. 저자는 책을 보면서 '읽기 힘들고' '못 알아듣겠다'고 불평하기보다 참을성 있게 책을 읽어가면서 이해하려는 노력을 기울여야 한다고 요구한다. 이 요구는 정당하다. 가난에 대한 세상의 지독한 편견을 한 순간에 벗을 순 없겠으나 벗으려고 노력하지 않으면 안 된다. 사당동을 몰라도 상관없다. 사당동은 우리 동네, 우리 마을과 다르지 않다. 우리가 정작 철거하고 재개발해야 할 것은 우리가 품은 지독한 편견이다!

분노하라 (스테판 에셀 지음/ 임희근 옮김/ 돌베개/ 2011)
참여하라 (스테판 에셀·질 방데르푸텐 지음/ 임희근 옮김/ 이루/ 2012)

청년들은 지금 이 땅에 분노해야 한다. 자신을 향해서가 아니라, 청년들을 궁지로 몰아넣은 세상을 향해서다. 구십대의 레지스탕스가 분노하라고 대놓고 분탕질(?)을 하는 이 책, 지금 이대로 살아도 진짜 좋으냐고 묻는다. 전체의 이익보다 특정인의 이익이 옹호되고, 부가 정당하게 분배되지 않고 누군가에게 편향되며, 잘못된 언론이 판을 치며, 인권을 겁박하는 불의가 판을 치는 세상에 청년은 분노하고 그런 세상을 변화시키는 데 참여해야 한다. 물론 분노하고 참여해야 하는 것이 청년만의 것은 아니다.

사랑과 연애의 달인, 호모 에로스 (고미숙 지음/ 북드라망/ 2012)

결혼은커녕 연애도 못하는 한국의 '삼포 세대'(연애, 결혼, 출산 이 세 가지를 포기한 청년들)는 '사랑'을 모른다. 공부하지 않기 때문이다. 사랑도 생로병사를 겪는다. 공부하지 않은 사랑은 모래성과 같다. 사랑은 살아가는 시공간과의 소통이다. 사회적 관계의 산물이다. 고전 평론가 고미숙이 전하는 사랑의 기술은 청년들에게 지금 당장 필요한 것이다. "사랑은 궁극적으로 '삶을 아름답게 창조하는' 행위이다." 아직 제대로 사랑할 줄 모르는 우리는 대부분 후천성 사랑 결핍증 환자다.

김수영 전집 1, 2 (김수영 지음/ 민음사/ 2003)

시대의 환멸, 세상의 아픔, 세대의 고통을 견디기 위해서 필요한 것은 여전히, 아직도 김수영이다. 마을 곳곳에 김수영 시인의 시와 산문을 흩뿌려라. 마을이 살아날 것이다. 마을이 김수영이고, 김수영은 마을이 될 것이다. 김수영 마을, 그것은 영원히 오지 않을 내 꿈이다. 김수영은 영원히 비주류로 남을 뿐 한국 사회에 뿌리를 내리는 것은 불가능할 것이므로.

서울은 도시가 아니다 (이경훈 지음/ 푸른숲/ 2011)

걸을 수 있어야 도시다. 그러나 프랑스 사진작가 얀 베르트랑은 서울을 "자동차에 의해 살해된 도시"라고 일컬었다. 그리고 공유 공간도 도시에게 필수 요소다. 서울시가 2012년 공유 도시를 선 언했다. 도시의 정체성을 찾겠다는 다짐이다. 이 책에 의하면 서울은 도시가 아니다. 그래서 책은 서울을 도시다운 도시로 만들기 위해 시민이 요구하고 함께 만들어야 할 것에 대해 말한다. 서울이라는 도시를 사유하게 만드는 이 책을 통해 차에게 뺏긴 인간의 길과 거리를 되찾아야 할 때다.

슬로라이프를 위한 슬로플랜
(쓰지 신이치 지음/ 장석진 옮김/ 문학동네/ 2012)

쓰지 신이치는 '할 일'을 내려놓자고 말한다. 그 대신 '하지 않을 일 리스트'를 만들자고 한다. 그것은 '할 일'만을 우선시하는 사회에서 '하지 않을 일'을 채워감으로써 효율과 경쟁에 치이는 삶에서 빠져나오도록 하기 위해서다. 이 책은 이것을 명심하라고 권한다. 사람은 무엇을 '하느냐'가 아니라 무엇을 '하지 않느냐'로 평가된다! 산다는 것은 본질적으로 느릿한 과정이다.

듀이: 세계를 감동시킨 도서관 고양이
(비키 마이런·브렛 위터 지음/ 배유정 옮김/ 갤리온/ 2009)

"도서관은 창고가 아니에요. 마을의 중요한 구심점이에요. 새로 포장한 도로도 좋지만 그걸로 우리 마을의 정신이 고양되는 건 아닙니다." 미국 아이오와 주 스펜서 시 도서관의 사서 비키 마이런은 도서관과 마을공동체가 어떻게 관계를 맺는지 잘 파악하고 있다. 거기엔 고양이 '듀이'의 공헌이 절대적이었다. 고양이가 어떻게 마을공동체를 변화시켰는지에 대한 흥미로운 보고서다.

몬드라곤에서 배우자
(윌리엄 F. 화이트·캐서린 K. 화이트 지음/ 김성오 옮김/ 역사비평사/ 2012)

몬드라곤의 기적
(김성오 지음/ 역사비평사/ 2012)

협동조합의 메카로 불리는 몬드라곤, 스페인 바스트 지역에 위치한 도시이면서, 1940년대부터 태동한 협동조합 운동과 제조업·금융·유통·연구·교육을 포괄한 협동조합 그 자체를 일컫는 이름이다. 몬드라곤의 한국적 변형 혹은 마을공동체로의 접목을 원하는 사람에게 필독서다. 자유롭게 상상하는 것, 그것이 협동조합의 시작이라고 책은 말한다. 상상하라, 협동하라. 몬드라곤은 그렇게 상상하고 협동하려는 자들의 오래된 미래다.

우리 마을 이야기(전7권)
(오제 아키라 지음/ 이기진 옮김/ 이미지프레임(길찾기)/ 2012)

지금 우리에게 필요한 이야기다. 일본 현대사에서 가장 격렬한 민중 운동으로 기록된 '나리타공항 반대 투쟁'을 소재로 한 논픽션이다. 치밀한 취재와 조사를 바탕으로 당시의 현장감을 살린 다큐멘터리 만화의 수작이다. 작가인 오제 아키라는 책머리에서 "민주주의란 '인간에 대한 예의'를 말하는 것이 아닐까?"라고 물으며 이야기를 시작한다. 마을 자치의 원리를 사유하게 만드는 책이다.

같이 살자: PM 4:00 여기는 이타카 (송호창 지음/ 문학동네/ 2012)

30년 이상 마을의 교양과 정신 문화를 지탱해 주던 마을 서점이 문을 닫았다. 그 소식이 전해지자 마을 주민들이 협동조합 형태로 서점을 회생시켰다. 미국 이타카의 이야기를 국회의원 송호창이 들려준다. "내가 오랫동안 잊고 있던 우리와 우리를 둘러싸고 있는 모든 생명이 살아있는 곳", "마을 주민이 모두 함께 잘살기 위해 지역 시장과 서점을 의식적으로 애용하는 곳"이라는 이타카는 곧 우리가 살고 싶은 마을공동체 모습의 하나이다.

 **Movie**

허공에의 질주

스물셋의 나이로 요절한, '청춘의 시작과 끝'이라고 표현할 수 있는 리버 피닉스의 매력만으로 이 영화는 볼 가치가 충분하다. 도피 중인 반전 운동가 부모는 히피처럼 떠돌아다녀야만 했다. 부모를 따라다니다가 어느덧 10대 후반이 된 아들을 부모는 세상 속으로 내보내며 이렇게 말한다. "우린 모두 널 사랑해. 이제 세상에 나가서 너만의 일을 해봐. 어마 아빠도 열심히 했지. 남들이 뭐라든 신경 쓰지 마." 딴 말 필요 없이, 핵심은 이것이다. 다른 사람이 자신의 인생에 끼어들지 못하게 해야 한다. 인생은 그래야만 한다.

늑대 아이

호소다 마모루 감독의 〈늑대 아이〉는 마을이 어떻게 생명과 자연을 품는지 보여준다. 늑대 인간을 사랑한 하나가 늑대 아이를 낳고 사람을 피해 산속에 가서 산다. 억척같이 사는 하나의 모습을 돕던 마을 어른들이 어느 날 하나네 집에 마실 와서 이런 말을 한다. "배수도 안 좋고, 여긴 살기 좋은 곳이 아니야. 그러니까 서로 돕고 살아야지." 마을은 아무도 배제하지 않는 곳임을 영화는 잔잔하게 보여준다.

말하는 건축가

2011년 타계한 건축가 정기용을 추억하는 영화다. 그의 건축물 중 안성면 사무소가 있는데, 그곳엔 특이하게도 목욕탕이 있다. 면사무소에 목욕탕이 생긴 이유는 이렇다. "(주민들이) 1년에 몇 차례 봉고차를 빌려 대전에 가서 목욕을 한다는 소리에 가슴이 미어졌다. 건축가는 해결사가 아니지만, 사람들의 삶을 살피고 그에 적합한 공간을 만들어내는 직업이다. 특히 공공 건축이 그렇다. 쓸 사람에게 물어봐야 한다." 마을공동체의 작동 원리가 이 말에 담겨 있다. 건축가나 마을공동체, 공공(성)에 왜 주의를 기울여야 하는지를 잘 말해준다.

마을에 부는 산들바람

보면 무조건 기분이 좋아지는 영화이다. 산과 논이 어우러진 한적하고 순박한 마을의 빛깔을 그대로 닮은 아이들 모습 때문이다. 로컬 푸드로 자급자족에 가까운 생활을 하고, 의식주는 마을 내에서 충분히 해결된다. 이 마을이 참 좋다는 생각이 절로 들게 하는 이 영화를 보고 나면 당신의 마음에 산들바람이 불 것이다. '아, 이런 마을에 살고 싶다'는 바람과 함께.

시애틀의 잠 못 이루는 밤, 유브 갓 메일

맥 라이언과 톰 행크스의 연기도 좋지만, 이들 영화엔 마을의 풍경을 감상하는 재미도 좋고, 무엇보다 관계의 맺어짐을 엿보는 재미가 있다. 특히 대형 프랜차이즈 서점과 마을 서점의 대립하는 모습이 나오는 〈유브 갓 메일〉에는 마을살이의 가치를 일깨우는 장면들이 있다.

해피해피 브레드

마을 카페를 꿈꾼다면 이 영화가 팍팍 심어주는 환상을 뿌리치기 힘들 것이다. 홋카이도 츠키우라 마을의 카페 마니는 눈이 시릴 정도로 넓고 푸른 도야코 호수를 배경으로 따끈따끈 맛있는 빵과 향긋한 커피가 있는 곳이다. 마을 카페가 어떻게 힐링 캠프가 되는지 엿보고 싶다면 이 영화를 보시라. 빵을 굽고 커피를 내리는 잔잔하고 소박한 일상에서도 누군가는 치유되고 행복해질 수 있다는 것을 확인하게 될 것이다.

일 포스티노

마리오는 칠레에서 이탈리아로 망명 온 파블로 네루다의 전용 우편배달부(일 포스티노)다. 여자 마음을 얻기 위해 시를 배우고 싶어 하는 우체부가, 네루다를 통해 시의 메타포(은유)에 대해서는 물론 세상이 곧 시라는 것을 알게 된다. 그리고 그를 둘러싼 모든 것에 시상을 싣는다. 베아트리체와의 사랑도 함께다. 시를 통해, 마리오를 통해 보여지는 세상이 감동적이다. 영화의 제목이 '일 포에타'(시인)가 아닌 '일 포스티노'(우편배달부)인 이유를 충분히 알 수 있다. 나는 사랑하는 당신의 일 포스티노가 되고 싶다. 이 또한 메타포다.

카모메 식당

핀란드의 한 마을에서 커피 하우스를 연 사치에를 중심으로 펼쳐지는 이야기다. 피붙이는 아니지만 정을 나누며 함께 살아가는 이들의 연대 혹은 대안 가족의 풍경을 보여준다. 그들은 끈적끈적하지 않다. 생이 외로운 것임을 알며, 그것을 피하려 하지 않고 자연스레 받아들인다. 혼자임을 부끄러워하지도 않고, 서로에게 의지하는 것을 민폐로 여기지도 않는다. 그들이 사는 모습이 바로 마을이다.

노팅힐

마을 서점의 평범하고 순박하기 그지없는 아저씨와 세계 최고의 톱스타가 사랑에 빠졌다? 현실에선 있을 수 없는 이 '오렌지 주스 로맨스'는 '노팅힐'이기에 가능하다. 마을이 곧 그들의 사랑을 매개하는 중요한 공간이자 매개가 된다. 마을 친구들과 이웃의 관계 또한 정겹고 흐뭇하다. 기자 회견장, 영국에 얼마나 머물 것인지 묻는 질문에 안나(줄리아 로버츠)가 잠시 뜸을 들인 뒤 'indefinitely'(영원히, 무기한으로)라고 말할 때 나는 숨이 한 번 턱 막히고, 그 장면에서 흘러나오는 엘비스 코스텔로의 'She'에 완전히 넘어간다. 내가 사는 마을 이름이, 노팅힐이면 나도 임수정과 사귈 수 있을까?

너를 보내는 숲

살다 보니 만남만큼 중요한 것이 이별임을 깨닫는다. 이별은 만남과 동등한 위치에서 다뤄져야 한다. 이별을 온전히, 개인의 몫으로만 떠넘기는 건 너무도 가혹하다. 마을이 치르는 장례에서 힌트를 얻은 이 영화, 이별의 트라우마에 시달리는 두 사람이 어떻게 마음을 나누는지 찡하게 보여준다. 이별에 대처하는 우리들의 자세를 생각하게 만든다.

쿠바의 연인

한국에서 하루하루 치열하게 사는 데 지친 여자가 쿠바로 여행을 떠난다. 춤과 노래 그리고 여유가 넘치는 쿠바는 그녀에게 한국과 다른 낭만으로 다가온다. 금상첨화, 연하의 쿠바 남자와 사랑에 풍덩 빠진다. 쿠바의 마을 풍경도 인상적이다. 그 남자네 집에서 정류장까지 걸어서 5분이면 갈 거리가 걷다 보면 늘 30분을 넘기기 일쑤다. 이웃들과 일일이 손잡고 이야기하느라 그렇다. 정겹고 살가운 쿠바의 마을 풍경이 아름답다.